사진으로 보는 중국의 음식문화

중국인의 밥상

시사중국어사

중국인의 밥상

초판발행	2018년 9월 10일
1판 3쇄	2021년 11월 20일
저자	고려대학교 중국학연구소
책임 편집	최미진, 가석빈, 高霞, 엄수연
펴낸이	엄태상
디자인	이건화, 진지화
조판	이서영
마케팅	이승욱, 전한나, 왕성석, 노원준, 조인선, 조성민
경영기획	마정인, 조성근, 최성훈, 정다운, 김다미, 오희연
물류	정종진, 윤덕현, 양희은, 신승진
펴낸곳	시사중국어사(시사북스)
주소	서울시 종로구 자하문로 300 시사빌딩
주문 및 교재문의	1588-1582
팩스	0502-989-9592
홈페이지	http://www.sisabooks.com
이메일	book_chinese@sisadream.com
등록일자	1988년 2월 13일
등록번호	제1 - 657호

ISBN 979-11-5720-113-6 (03910)

펴내면서

흔히 세계 3대 요리라 하면 중국요리, 프랑스요리, 터키요리를 꼽습니다. 그 중에서 터키요리 대신 이탈리아요리나 태국요리 등을 꼽기도 하지만 중국요리는 절대 빠지지 않습니다. 프랑스요리와 비교해도 최소한 그 다양성이나 보편성 면에서는 훨씬 앞선다는 데 이의를 제기할 사람은 그리 많지 않을 것입니다. 그런 점에서 중국요리는 단연 세계 최고의 요리라 해도 과언이 아닐 것입니다.

중국요리가 세계적인 음식이 된 것은 기본적으로 중국이 유구한 역사를 지닌 대국인만큼 음식에 있어서도 장구한 역사와 무한에 가까운 다양성을 지니게 되었기 때문일 것입니다. 또 전제 황권의 존재, 실크로드를 통한 새로운 음식의 수용, 상업도시의 이른 발달, 이민족 지배의 경험 등은 역사적으로 중국음식이 크게 발전하는 데 중요한 밑바탕이 될 수 있었다고 할 것입니다. 여기에 더해 근대 이후 화교의 해외 진출과 국제 교류를 통해 세계인을 사로잡은 중국음식의 맛이 있었음은 물론입니다. 그런가 하면 중국인은 오랜 옛날부터 인간의 식욕을 긍정하고 먹는 것을 하늘처럼 중시하는 관념이 유난히 강했던 것으로 유명합니다. 단순히 끼니를 때우는 차원에 머물지 않고 적극적으로 맛을 추구해온 오랜 전통이 중국음식 발전의 근본적인 동력이었음을 생각하게 해주는 대목입니다.

명실공히 세계 최고 수준인 중국음식은 당연하게도 중국을 대표하는 문화 가운데 하나입니다. "당신은 당신이 먹은 음식이다"라는 서양 속담을 굳이 떠올리지 않더라도 중국음식에 대한 이해는 곧 중국인과 중국문화를 이해하는 하나의 중요한 통로가 아닐 수 없습니다. 더욱이 우리가 중국을 여행하고 중국인과 교류하는 데 있어서 먹고 마시는 일은 절대 빼놓을 수 없는 일임을 생각해 본다면 중국의 음식문화는 더더욱 우리가 알아야 할 중요한 요소가 아닐 수 없습니다.

중국과 이웃한 우리나라는 근대 이후 화교를 통해 들어온 중국음식문화를 널리 받아들였고, 최근에는 갈수록 다양한 중국음식이 새롭게 우리 일상 가운데 자리 잡아가고 있습니다. 한중 수교 30년을

바라보는 지금 양국 간의 교류가 전면화, 심화되면서 매일 수많은 한국인이 현지에서 다양한 중국음식을 접하고 있고, 국내 매체에서도 중국음식이 빈번히 소개되면서 관련 정보가 날로 대중화되고 있는 형국입니다. 중국음식에 관한 책들도 국내에 이미 여러 종 소개되어 있음은 물론입니다.

하지만 우리가 중국에 대해 친근하고 익숙하게 느끼면서도 실상 조금만 더 깊이 들어가면 그 구체적인 면면들에 대해 잘 모르는 경우가 많듯이, 중국음식과 음식문화에 대해서도 아직은 단편적이거나 부정확한 이해에 머물러 있는 것이 현실입니다. 중국에 많이 다녀왔거나 심지어 중국에서 장기간 생활했던 사람이라 하더라도 중국음식에 대해 체계적인 지식을 지닌 사람은 드뭅니다. 여러 원인이 있겠지만 가장 큰 이유는 아마도 중국음식이 너무나 다양하기 때문일 것입니다. 다른 한편으로 어쩌면 우리가 음식이라는 것에 대해 그저 일상의 사소한 것으로 치부하며 마땅히 두어야 할 관심을 갖지 않아왔기 때문인지도 모르겠습니다.

중국음식을 소개한 책들이 이미 국내에 적잖게 나와 있음에도 불구하고 다시금 이 책을 만들게 된 것은 바로 이 때문입니다. 중국어문학 연구자들이 모여 중국음식문화를 쉽게 접할 수 있는 책자를 새롭게 엮어 소개함으로써 좀 더 많은 사람들이 중국의 음식에 대해 이해를 갖출 수 있도록 하고 싶었습니다. 『중국인의 밥상』이라는 제목은 이런 바람의 상징적 표현이라 할 것입니다. 방대하고 심오한 내용보다는 기본적이고 핵심적인 내용을 추려서 평이하게 풀어내고자 했고, 일반 교양서로서 뿐 아니라 대학 강의실에서도 활용될 수 있도록 포괄적이면서도 정확한 내용을 담아내기 위해 노력을 기울였습니다. 또 많은 사진과 유용한 부록을 수록하여 독자들의 이해도와 활용성을 높이고자 했습니다. 소략하지만 중국어문학 연구자들의 지혜를 알차게 구성한 책인 만큼 독자들이 중국음식문화를 이해하고 중국인과 교류하는 데 하나의 작은 디딤돌이 될 수 있기를 소망해 봅니다.

　　물론 작은 책자이다 보니 미처 다루지 못한 내용들이 적지 않습니다. 더 세부적인 지역 음식이나 소수민족 음식 등을 소개하지 못한 것은 아쉬움으로 남습니다. 다른 한편으로 중국음식은 지금까지 그래왔듯이 현재도 계속 변화하고 있습니다. 음식의 기호와 유행이 바뀌고 새로운 음식들이 계속 출현하고 있습니다. 최근에는 쓰촨식 매운맛이 전국적으로 가장 인기를 누리고 있습니다. 음식점의 브랜드화도 점차 보편화되어 가는 추세입니다. 중국인들이 기피하는 것으로만 여겨졌던 생식이나 차가운 음료가 갈수록 늘어나는가 하면, 전통차나 전통주 대신 커피나 와인 소비가 급증하고 있는 것도 새로운 변화상입니다. 독자들이 이 책을 통해 여기서 미처 담아내지 못한 중국음식문화의 다양한 면모와 새로운 변화까지 관심 갖게 되는 계기가 마련될 수 있다면 그나마 위안이 될 것 같습니다.

　　비록 작은 책이지만 이런 결실이 맺어지기까지는 많은 분들의 적잖은 고민과 노력이 필요했습니다. 우선 그런 노고를 마다하지 않고 집필에 참여해주신 여러 선생님들, 특히 이 공동작업을 제안하고 모든 과정을 이끌어주신 배재대 이기면 교수님과 온갖 수고로운 작업을 도맡아준 윤순일 선생님께 감사드립니다. 그리고 열린 마음으로 이 작업을 격려하고 물심양면으로 후원해주신 고려대학교 중국학연구소 소장 홍윤기 교수님께 감사의 인사를 전합니다. 또 어려운 여건 속에서도 기꺼이 출판을 허락해주시고 제반 지원을 아끼지 않으신 시사중국어사의 대표님과 관계자 여러분께도 깊은 감사를 표합니다. 까다로운 작업이었음에도 불구하고 좋은 책이 만들어질 수 있도록 시종 세심한 정성을 기울여주신 최미진 차장님을 비롯해 디자인과 편집, 교정 등을 위해 애써주신 편집진 모든 분들께도 두루 감사의 마음을 전합니다.

2018년 8월
고려대학교 중국학연구소

차 례

02
'무엇'으로 '무엇'을 '어떻게' 만드나

01
중국인의 음식문화

부록
우리집에서 중국요리를!
15가지 중국요리의 비밀 Recipe

일러두기

* 중국 인명과 지명의 표기는 『외래어 표기법』(국립국어원, 1986)을 따라 표기하되 현대 이전의 고유명사와 우리말에 관용이 있는 경우는 가독성을 고려하여 한자음(우리말 독음)으로 표기하였다.

* 본문의 한자는 모두 간화자로 표기하였다.

* 한자, 발음기호, 구체적인 의미가 필요한 용어나 표현은 (   ) 안에 함께 표시해 두었다.

01
중국인의
음식문화

중국의 음식문화는 역사가 유구할 뿐만 아니라 범위도 매우 넓다. 이에 따라 중국의 음식문화는 식재료, 식기, 식품의 생산·소비를 비롯하여 민족, 종교, 기능, 건강, 양생(养生)에 이르기까지 다양한 분야와 관련되어 있다. 음양오행의 철학, 유가의 도덕관, 중의학의 양생학, 문화·예술계의 성과 등 여러 전통 요소가 중국의 음식문화 형성과 발전에 큰 영향을 미쳤다. 이렇듯 중국에서 음식문화는 중국의 역사·문화와 함께 발전했다.

음식을 먹는 것은 인간의 가장 기본적인 욕망이다. 공자는 『예기(礼记)』에서 "먹는 것과 남녀 간의 정은 인간의 가장 큰 욕망"이라고 했다. "백성은 먹는 것을 하늘로 삼는다(民以食为天)"라는 오랜 성어에서 음식에 대한 중국인의 깊은 관심을 알 수 있다.

먼저 음식(饮食)이라는 말의 어원을 살펴보자. '음(饮)'은 '마시다'라는 뜻으로 액체 또는 반액체인 식품을 섭취한다는 말이고, '식(食)'은 '먹는다'는 뜻으로 고체 형태의 식품을 섭취한다는 말이다. 이 둘이 합쳐진 '음식'은 모든 식품에 대한 총칭이라고 볼 수 있다. 따라서 중국의 음식문화는 차문화, 술문화, 식문화 등의 하위개념으로 나뉠 수 있고, 이들 하위개념은 다시 식습관문화, 식기문화, 연회문화, 식재료문화 등으로 나눌 수 있다.

그러나 음과 식, 두 글자가 항상 함께 쓰여 떼려야 뗄 수 없는 관계인 것은 아니다. 중국인은 일상에서 이 둘을 독립적으로 쓰기도 한다. 예컨대 미펀(米粉 mǐfěn, 쌀국수) 한 그릇, 자오쯔(饺子 jiǎozi, 교자만두) 한 접시만으로 온 가족이 화기애애하게 즐길 수 있고 술 한 잔, 차(茶) 한 주전자만으로도 친구 두세 명과 함께 인생을 마음껏 얘기할 수 있다. 물론 이 둘은 함께 쓰이기도 한다. 차를 마시면서 뎬신(点心 diǎnxin, 간식)을 곁들일 수도 있고, 술을 마시면서 간단한 안주를 곁들일 수도 있다. 손님을 대접할 때라면 요리는 빠질 수 없다. 이때 차, 술, 요리는 어느 하나도 빠져서는 안 된다. 공식 연회라면 더욱 그렇다. 대개 정찬(正餐)에 속하는 연회에서는 식사 중간에 여유 시간이 있기 마련이라 차나 술을 마시기에 더할 나위 없이 좋다.

차를 마시는 것과 술을 마시는 것은 의미가 사뭇 다르다. 차는 담박함과 평온함을 숭상하지만 술은 분위기가 강렬하고 호방하다. 차가 자연에 순응하는 도가사상을 따른다면, 술은 자유를 추구한다. 이처럼 차와 술은 정(靜)과 동(動)으로 대비된다. 그렇다고 이들이 서로 분리되어 있다고 볼 수는 없다. "명예를 쌓느라, 이익을 쫓느라 바쁘지만 그 가운데 게으름을 부려 차 한 잔 마신다. 마음 쓰느라 힘쓰느라 고되지만 그 가운데 즐거움을 누리려 술 두 주전자를 또 따른다(为名忙，为利忙，忙中偷闲，且喝一杯茶去。劳心苦，劳力苦，苦中作乐，再斟两壶酒来)"는 어느 식당의 대련(对联)* 문구처럼 차와 술은 공존하며 조화를 이룬다.

---

* 대련 : 한 쌍의 대구(對句)가 되는 글귀를 종이나 천에 쓰거나 대나무 · 나무 · 기둥 따위에 새긴 것을 가리킨다.

중국음식의 역사적 변화

중국 음식문화의 역사는 '불'을 사용하면서 시작되었다고 할 수 있는데, '불' 사용이 음식문화 성립에 최소한의 물질적 조건을 제공하기 때문이다. 중국 음식문화의 역사는 불 사용을 기점으로 원시사회, 선진(先秦), 진당(秦唐), 송원명청(宋元明清) 네 시기로 나눌 수 있다.

1) 원시사회시기(맹아기)

중국인은 신석기시대에 이미 조, 벼 등의 곡물을 재배했고 돼지, 닭, 양 등의 가축을 길렀다. 조리 관점에서 본다면 당시 사람들은 정(鼎, 솥의 일종), 격(鬲, 솥의 일종), 증(甑, 시루) 등의 조리용 도기와 골비(骨匕, 뼈로 만든 국자), 석도(石刀, 돌로 만든 칼) 등의 조리용 절단기를 만들었고 바오(炮 bāo, 센 불로 볶기), 즈(炙 zhì, 굽기), 정(蒸 zhēng, 찌기), 주(煮 zhǔ, 삶기) 등의 초보 조리 방법도 구사했다. 룽산(龙山 Lóngshān)문화[재]의 고고학 발굴 과정에서 술과 관련된 기구들이 상당수 나왔는데, 이는 지금부터 최소 5,000여 년 전에 이미 술 주조기술이 상당한 수준에 이르렀음을 말해준다. 『신농본초경(神农本草经)』*에 "(백성이 피하거나 먹어야 할 것을 보려고) 신농씨(神农氏)가 백 가지 풀을 맛보았는데 하루는 일흔두 가지 독을 먹어 중독되었다가 차를 마시고는 해독되었다(神农尝百草,

❶ 정(鼎) 솥의 일종 ❷ 격(鬲) 솥의 일종
❸ 증(甑) 시루 ❹ 골비(骨匕) 뼈로 만든 국자
❺ 석도(石刀) 돌로 만든 칼

---

* 『신농본초경(神农本草经)』: 중국의 후한(后汉)에서 삼국시대 사이에 성립된 본초서(本草书)이다. 앞의 10조는 총론이고 그 뒤에는 365종의 약품을 상·중·하의 3품(品)으로 나누어 각각 기미(气味)와 약효(药效)와 이명(异名) 등을 서술하였다. 현재의 판본은 명(明)나라의 노복(卢复), 청(清)나라의 손성연(孙星衍) 등에 의하여 각각 재편집된 것이다.

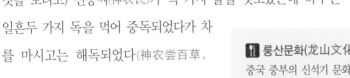

🍴 룽산문화(龙山文化)

중국 중부의 신석기 문화로 1928년 우진딩(吴金鼎)이 처음으로 청쯔야(城子崖) 유적지를 발견하면서 세상에 드러났다. 룽산문화라는 명칭은 이 유적을 발견한 산둥성(山东省) 룽산진(龙山镇)에서 따온 것이다. 연대는 기원전 2500~기원전 2000년 중반으로 회전력이 빠른 물레를 이용하여 만든 토기를 불에 구운 난각(卵殼)토기, 흑도(黑陶), 사각 마제석기(磨製石器), 흙을 눌러 만든 벽돌 등의 유물과 동물뼈를 가열하여 생기는 균열을 보고 미래를 점치는 골점을 행했다는 점 등이 룽산문화의 특색이다. 룽산문화의 유물은 허난성(河南省) 북부, 안후이성(安徽省), 동북부의 랴오둥(辽东)반도까지 분포되어 있다.

一日遇七十二毒, 得茶而解之)"라고 기록되어 있다. 신농씨가 식재료와 약물을 양생과 치료에 활용한 것이다. 중국인에게 매우 이른 시기부터 음식과 양생에 관한 관념이 확립되어 있었음을 알 수 있다.

2) 선진시기(형성기)

중국 음식문화의 특징은 하(夏)나라부터 진(秦)나라가 통일하기까지 2,000여 년 동안 형성되었다. 물질적 측면에서 식품의 출처는 더 광범위해졌다. 채소류는 수생(水生), 육생(陆生), 균류(菌类) 등 수십 종에 이르렀고, 토끼와 비둘기 등을 길렀다. 조미료로는 소금 외에 엿과 꿀 등의 감미료, 매실과 복숭아를 삶아서 만든 산료(酸料), 곡물을 발효한 산미료(酸味料)와 자소(紫苏), 산초(山椒), 계피(桂皮) 등의 향신료가 등장했다.

자소(紫苏)

계피(桂皮)

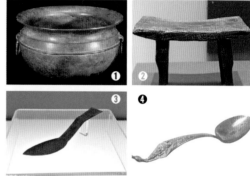

❶ 확(镬)　❷ 조(俎)　❸ 비(匕)　❹ 작(勺)

청동기시대로 진입하면서 식기도 크게 발전했다. 주조 기술이 발전함에 따라 수량이나 종류는 물론 조형도 크게 발전했다. 조리기구로 정(鼎), 격(鬲), 확(镬, 발 없는 큰 솥), 부(釜, 가마솥) 등이 있었고 절단기구인 도(刀, 칼)와 조(俎, 도마) 등은 물론 취식도구로는 비(匕, 수저), 저(箸, 젓가락), 작(勺, 국자) 등이 있었다. 식품과 술을 보관하는 용기뿐 아니라 술을 마시는 도구 또한 다양해졌다.

이 시기에는 오미조화(五味调和)의 조리법이 확립되었다. '오미조화'는 "다섯 가지 맛이 서로 조화를 이룬다"는 뜻이다. 『여씨춘추(呂氏春秋)』*에 "맛의 근원은 물에 있으니, 오미(五味)와 삼재(三材, 물·불·나무)는 아홉 번 끓이면 아홉 번 변한다. 불은 맛의 핵심이다. 완급을 조절하여 비린내와 누린내를 없앨 수 있으며, 적당히 다루어야 음식

---

* 『여씨춘추(呂氏春秋)』: 중국 진나라 때의 사론서(史论书)이다. 진나라의 정치가 여불위(呂不韦)가 빈객 3,000명을 모아서 편찬했다고 알려진다. 전국말기의 각가(各家)의 사상을 8람(览), 6론(论), 12기(纪)로 분류하여 수록하였다.

의 맛을 잃지 않는다. 맛은 단맛, 신맛, 쓴맛, 매운맛, 짠맛으로 조절한다. …… 달면서도 진하지 않고 시면서도 강하지 않고 짜면서도 본래 맛을 잃지 않고 매우면서도 지나치지 않고 담박하면서도 가볍지 않고 기름지면서도 느끼하지 않아야 한다"라는 기록이 있다. 이와 같은 오미조화 이론은 후대의 조리학에 매우 중요한 지침이 되었다.

한편 '색, 향, 맛, 형태'라는 음식에 관한 4대 심미기준도 이때 확립되었다. 인간은 반드시 자연계의 규율을 따라야 하며, 장수와 건강을 위해서라면 음식은 더욱 그 규율을 따라야 한다는 양생이론 또한 이 시기에 확립되었다. 이 시기에는 식사 의례가 정비되어 식사 중 의례, 식기구와 좌석의 배치, 음식을 들이는 방법 등에 모두 엄격한 규정이 생겨났다. 주대(周代)에는 천자의 연회에 정(鼎)이 12개 있었으며, 요리와 간식이 풍부해졌고 연주, 무용, 공연 등이 따라야만 했다.

3) 진당시기(발전기)

진(秦)에서 위진남북조(魏晋南北朝)를 거쳐 수당(隋唐)에 이르는 동안 중국 북부지역에서는 여러 민족이 통합과 분열을 반복했다. 특히 국내외의 교류가 빈번해진 당대에는 중국의 음식문화가 이전과 비교할 수 없을 정도로 다양해진다. 진이 통일한 이후에는 교통이 발달해 남방에서 생산되는 용안(龙眼), 여지(荔枝), 바나나, 유자, 사탕수수 등이 북방으로 유입되었으며, 장건(张骞)█이 실크로드를 개척하고서는 서역의 수박, 포도, 마늘, 호두, 깨, 양파 등이 잇따라 중국 대륙으로 전해졌다.

용안(龙眼)

여지(荔枝)

이 무렵 식품 가공법이 크게 발전했다. 대표적인 예로 두부(豆腐)와 떡(糕)류를 들 수 있다. 철과 도기 제작법이 보급되면서 주방기구도 비약적으로 발전하여 철제로 된 날카로운 절단기구와 무쇠솥 등이 주방에 등장했다. 특히 무쇠솥은 높은 온도를 견딜 수 있어 다양한 조리 방법을 가능하게 했다. 지금도 철로 된 볶음솥은 중국 조리도구를 대표한다. 그밖에 기존의 대나무 식기나 조잡한 도기들이 가볍고 정교하면서 부식에 강하고 세척하기 쉬운 도기들로 대체되었으며, 일부 귀족들은 정교하고 예쁜 칠기(漆器)를 사용했다.

> **█ 장건(张骞)**
> 한나라 때의 여행가이자 외교관으로 중국에서 서역으로의 교통로를 개통하는 데 영향을 주었다. 그의 여행으로 서역의 지리·민족·산물 등의 지식이 중국으로 유입되어 동서 간의 교류와 교역이 발전하게 되었다.

당시에는 음식으로 양생을 도모하는 관념이 유행했는데, 이는 자연스럽게 음식문화에도 상당한 영향을 미쳤다. 또 함께 성행했던 불교의 영향으로 채식을 하거나 차를 즐기는 습속이 널리 유행했다. 『제민요술(齐民要术)』*과 같이 음식과 관련된 전문서적도 다수 출간되었다.

수당(隋唐)시기에 이르러 대운하의 개통으로 남방과 북방의 물산이 손쉽게 유통되면서 음식을 위한 다양한 물품이 대규모로 거래되었다. 경제가 비약적으로 발전하자 연회는 점차 화려함을 추구했다. '소미연(烧尾宴)'은 대신이 황제에게 바쳤던 연회로 당대 저명한 연회 중 하나로 손꼽는다. 당대에는 차문화도 상당히 발전했는데 이 시기에 저술된 육우(陆羽)의 『다경(茶经)』**은 현존하는 가장 오래된 차 관련 전문서적이다.

취방원(翠芳园)

4) 송원명청(宋元明清)시기(성숙기)

송대(宋代)에는 도시화가 더 빨라진다. 도시에 인구가 집중하면서 다양한 민족이 함께 살게 되자 중국의 음식문화 또한 새로운 전기를 맞이한다. 지역 특색이 강한 음식 체계가 잇따라 나타났는데 대도시인 카이펑(开封)이나 항저우(杭州)의 식당가에는 '북식(北食)', '남식(南食)', '천미(川味)' 등의 간판이 내걸렸다. 음식을 파는 상인의 형태도 다양해져 도로변의 가게는 물론 골목 곳곳에서도 다양한 먹거리를 팔았으며 다른 한편으로 대규모 식당도 함께 발달했다. 남송시대 항저우에 있던 '취방원(翠芳园)'은 원림(园林)식 건축물과 노래를 부르는 화려한 무대가 함께 설치되어 매우 아름답고 호화로웠다. 정부 차원에서는 '팔사(八司)'와 '육국(六局)' 같은 전문 부서를 두어 체계적인 분업 시스템을 구비했다.

---

* 『제민요술(齐民要术)』: 중국에 현존하는 가장 오래된 종합 농업기술서이다. 6세기 전반 중국 위진남북조시대 북위의 북양태수 가사협(贾思勰)이 저술하였다. 종식(种植), 가축의 사육, 술·간장의 양조, 가공, 판매 등에 관한 농업기술을 상세히 기술하고 있다.

** 『다경(茶经)』: 760년경 중국 당(唐)나라의 문인 육우(陆羽)가 지은 다도(茶道)의 고전이다. 상권은 차의 기원, 제조법, 중권은 다기(茶器), 하권은 차를 끓이는 법과 마시는 법 등이 기록되어 있다.

요(辽)·금(金)·원(元) 때는 소수민족이 중원 지역으로 진출했다. 요나라 때는 수박을 재배하며 얻은 식물 이식 기술을 중원 지역으로 전파했으며, 원나라 때는 서역에서 증류주 기술이 들어왔다. 그밖에 소수민족의 여러 식사예절도 중원 지역으로 유입되었다. 원나라 때는 조리 이론, 조리

만한취안시(满汉全席)

기술, 식이요법, 양생 등을 총망라한 『음선정요(饮膳正要)』*라는 전문서를 1330년 홀사혜(忽思慧)가 저술했다. 음식과 영양에 관한 전문서로 각종 식재료에 대하여 상세히 설명했으며 의료와 위생 관련 내용도 포함되어 명대의 『본초강목』과 같은 약학서에서도 여러 차례 인용했다. 처음으로 환자가 아닌 건강한 사람의 처지에서 양생의 원리를 논의한 전문서로 사실상 중국식 '영양학'의 시초라 할 수 있다.

명나라는 대체로 원나라의 음식문화를 계승했다. 반면에 청의 통치계층인 만주족은 산해관(山海关)을 넘어 중원으로 들어오면서 자신들의 식문화와 식재료도 많이 들여왔다. 만주족의 식문화와 식재료는 기존의 전통적인 중원 음식문화와 융합되었다. 이 과정에서 탄생한 '만한취안시(满汉全席 Mǎn Hàn quánxí)'**는 만주족과 한족 요리의 정수를 결합한 요리로 중화요리 최고의 화려함과 고급스러움을 보이는 대연회식이다. 현재 통용되는 중국요리의 계보도 대체로 이 시기에 정형화되었다고 할 수 있다. 또 지리, 기후, 특산물, 문화 등의 차이가 조리법에 그대로 반영되어 각 지역의 전형적 특징이 비로소 체계적으로 확립되었다.

---

* 『음선정요(饮膳正要)』: 1330년 중국 원나라의 홀사혜(忽思慧)가 원나라 황실 귀족의 음식보(饮食谱)를 기술하여 편찬한 궁중 요리책이다. 총 3권으로 구성되어 있다. 1권은 음식에 관련한 여러 금기(禁忌)를, 2권은 각종 음식들의 조리법과 그 효능을, 3권은 곡식, 채소, 육류, 과일 등의 식재료에 관한 설명을 기술하였다.

** 만한취안시(满汉全席): 원래 만시(满席)와 한시(汉席)가 합쳐진 데서 유래한 단어다. 청나라 초창기에는 연회도 만주족의 만시와 한족의 한시로 구분돼 있었다. 강희제의 60세 생일을 맞이하여 중국 각지에서 65세가 넘은 노인 2,800명을 황궁으로 초청해 만시와 한시를 한꺼번에 차리게 했는데, 이것이 만한취안시의 효시다. 만한취안시는 하루에 두 번, 사흘 동안 이어졌다고 하며 제비집, 상어지느러미, 해삼, 전복, 곰발바닥, 사슴 힘줄 같은 산해진미가 끝없이 올라왔다고 한다.

2 중국 음식문화의 특징

1) 포용성과 연속성

유구한 역사, 다양한 민족, 광활한 지역의 음식문화는 서로 융합하면서 발전했다. 중국의 음식문화는 중국 문명과 더불어 상고시기부터 현재에 이르기까지 한 차례도 중단된 적이 없다. 중국은 한족뿐 아니라 몽골족, 선비족, 거란족, 만주족 등 여러 소수민족이 왕조를 건국하여 대륙 전체나 일부를 통치한 역사가 있다. 이들 소수민족 왕조가 통치하던 시기나 대외 교류에 관한 제도가 변화하던 시기에는 필연적으로 민족 간 음식문화가 서로 융합되면서 중국 자체의 음식문화도 더불어 발전했다. 청나라 때의 웨(粤 Yuè, 광둥)요리는 서양의 음식문화를 수용하는 과정에서 크게 발전했으며, 청말민초(清末民初)의 후(沪 Hù, 상하이)요리 역시 이와 유사한 과정을 거쳤다.

2) 지역성

중국은 영토가 넓어 열대, 아열대, 온대 기후가 모두 나타나며, 지역마다 자연환경과 지리조건이 독특하다. 그 결과 그 지역만의 풍격을 지닌 음식문화를 형성할 수 있었다.

3) 민족성과 민속성

중국에는 56개 민족이 살고 있다. 한족을 제외한 55개 소수민족은 종교, 지역, 문화, 발전수준 등에 차이가 있어 서로 다른 음식문화를 형성했다. 예를 들어 이슬람교도인 회족은 종교적 금기 때문에 자신들만의 음식 습속을 이루었는데, 이 습속이 점차 제도화되어 중국적 특색을 지닌 '청진(清真, 이슬람)요리'라는 계보를 형성하게 되었다.

🍴 중국 속 이슬람 음식
중국에는 위구르족, 회족 등 무슬림도 많이 산다. 특히 회족은 거의 중국 전역에 분포하면서 이슬람식 음식을 파는 경우가 많다. 중국에서 이슬람 음식에는 종교적으로 허용된 것이란 의미의 할랄을 뜻하는 '청진(清真)'이라는 표기를 한다. '청진' 음식점에서 그들이 금기시하는 돼지고기 음식이나 술을 찾는 것은 금물이다.

청진(清真)요리

3 중국 음식문화의 특별한 기능

1) 예(礼)의 표현

『예기(礼记)』「예운(礼运)」에서 "예는 먹고 마시는 데에서 비롯되었다(夫礼之初, 始诸饮食)"라고 한 것처럼 인륜의 예는 음식의 예에서 비롯했다. 중국에는 고대부터 음식의 내용, 의례, 규모 등에서 매우 엄격한 등급제도가 있었다. 예컨대 천자의 연회 규모가 가장 크고 제후가 그다음이며 일반 백성은 고기를 먹어서는 안 되었다. 중국인은 음식과 연관된 일상의 활동에서 연배와 서열을 분별했는데, 장유유서(长幼有序)나 존비유등(尊卑有等)의 원칙에 따라 순서에 맞게 음식을 내고 술을 올렸다.

중국에는 "술이 없으면 자리가 아니다(无酒不成席)"라는 말이 있을 정도로 술이 식음문화에서 중요한 부분을 차지한다. 이러한 술 역시 항상 존비(尊卑)의 순서에 따라 마시며, 손아랫사람이 손윗사람에게 술을 올릴 때는 예에 맞게 한다. 차를 마실 때도 예를 중시하여 차를 달이고 따르는 과정과 찻잔을 받거나 마시는 모든 과정에 저마다 예법이 있다.

핀판(拼盘)

2) 예술적 성취

그림, 서예, 문학 등이 예술에 속하듯이 음식도 예술의 경지에 이르렀다. 음식의 색, 향, 맛, 형태 등이 모두 조화를 이루어야 좋은 평가를 받을 수 있기 때문이다. 연회의 첫 번째 요리인 '핀판(拼盘 pīnpán)'은 칼솜씨가 정교하고 색이 화려하며 조형이 매우 뚜렷하다. 이는 성대한 연회의 첫 장을 조리 예술의 아름다움으로 여기는 것이라고 할 수 있다.

❶ 룽펑청상(龙凤呈祥)
❷ 짜오성구이쯔(早生贵子)
❸ 자오화지(叫花鸡)
❹ 둥포러우(东坡肉)
❺ 스쯔터우(狮子头)

음식 명칭에도 다양하고 절묘한 것들이 많다. 예를 들어 룽펑청샹(龙凤呈祥 lóngfèng chéngxiáng, 용과 봉황이 상서로운 조짐을 보인다), 짜오성구이쯔(早生贵子 zǎoshēng guìzǐ, 귀한 아들을 일찍 낳는다), 자오화지(叫花鸡 jiàohuājī, 거지 닭), 둥포러우(东坡肉 Dōngpō ròu, 소동파의 돼지고기), 스쯔터우(狮子头 shīzi tóu, 사자의 머리) 등은 우아하고 화려한 이름으로 독특한 예술성을 꾀한 것들이다.

쥐찬(聚餐)

3) 심신 수양

중국인은 음식문화로 심신을 수양하고 인간관계를 원만하게 유지해왔다. 전통적인 식습관이라 할 수 있는 쥐찬(聚餐 jùcān, 함께 모여서 식사하는 것)으로 이웃이나 친지들과 더욱 화목하게 지냈다. 술과 차 역시 심신의 수양과 관계가 있다. 조조(曹操)가 "무엇으로 근심을 떨치리오. 오직 술밖에 없구나"라고 했듯이, 술에는 친목 기능뿐 아니라 적당히 마시면 마음을 다스리는 기능도 있다.

중국인은 차를 끓이면서 정서를 기르고 여유를 즐기기도 한다. 혼자 차를 마실 때든 손님에게 대접할 때든 그 속의 즐거움을 스스로 느낀다. 당나라 명승 교연(皎然)은 『음다가초최석사군(饮茶歌诮崔石使君)』에서 "한 번 삼키면 혼미함을 씻어내니 상쾌함이 천지에 가득하고, 두 번 마시면 내 정신을 맑게 하니 홀연히 바람에 나부끼는 비가 내려 작은 먼지를 씻어낸 듯하다. 세 번 마시면 도를 이루니 무엇 하러 마음을 써가며 번뇌를 깨려고 하는가(一饮涤昏寐，情思爽朗满天地。再饮清

교연(皎然)

我神，忽如飞雨洒轻尘。三饮便得道，何须苦心破烦恼)"라고 하면서 차를 마시며 심신을 수양하는 모습을 생동감 있게 표현했다.

이렇듯 음식을 매개로 물질적 감각을 체험할 수도 있고 행위에 참여할 수도 있기 때문에 그 사상적 깨우침은 더욱 클 수밖에 없다.

명절에는 이것!

중국의 대표 명절로는 춘제(春节 Chūn Jié), 돤우제(端午节 Duānwǔ Jié), 중추제(中秋节 Zhōngqiū Jié)를 들 수 있다. 각각 한국의 설, 단오절, 추석에 해당하는 절기다. 이들 명절에는 전통적으로 무엇을 먹을까? 먼저 춘제에는 음력 새해 첫날을 맞이하는 밤에 가족이 모여 녠예판(年夜饭 niányèfàn)이라는 잔칫상을 함께 한다. 보통 1년 12달을 상징하는 12가지 요리를 준비하는데, 여기에 꼭 빠지지 않는 것 두 가지가 온전한 모양의 생선요리와 자오쯔(饺子 jiǎozi), 곧 교자만두다. 생선요리를 먹는 것은 생선을 뜻하는 '鱼(yú)'의 발음이 풍요로움을 뜻하는 '위(余 yú)'와 같기 때문이다. 자오쯔를 먹는 데는 송구영신과 새해의 복을 기원하는 의미가 담겨 있다. 자오쯔를 먹는 풍속은 북방에서 더 보편적이다. 남방에서는 녠가오(年糕 niángāo), 곧 찹쌀로 만든 떡을 먹기도 하는데 '가오(糕)'는 높다는 뜻의 '가오(高 gāo)'와 발음이 같아 해마다 더 나아진다는 뜻이 담겨 있다.

녠예판(年夜饭)

자오쯔(饺子)

녠가오(年糕)

춘제 기간의 마지막을 장식하는 위안샤오제(元宵节 Yuánxiāo Jié), 곧 정월 대보름에는 탕위안(汤圆 tāngyuán)을 먹는 풍습이 있다. 탕위안은 흑설탕, 대추, 검은깨, 단팥 등 다양한 소를 넣어 찹쌀로 빚은 경단이다. 북방에서는 위안샤오(元宵)라고도 하며 보통 삶아서 뜨거울 때 먹는다. 보름달처럼 둥근 탕위안에는 새해 가정의 화목과 무사평안을 기원하는 소망이 깃들어 있다.

탕위안(汤圆)

음력 5월 5일인 돤우제에는 쭝쯔(粽子 zòngzi)를 먹는다. 쭝쯔는 갈댓잎이나 댓잎으로 싸서 찐 찹쌀밥으로, 안에는 단맛 등을 내는 여러 가지 소가 들어 있다. 쭝쯔를 먹는 풍습은 전국시대 초나라의 충신이자 애국시인인 굴원(屈原)과 관련이 있다. 기원전 278년 음력 5월 5일, 굴원이 몰락해가는 초나라

쭝쯔(粽子)

용선 경기(赛龙舟)

의 운명을 슬퍼하며 우국충정의 마음을 품고 멱라강(汨罗江)에 몸을 던져 스스로 목숨을 끊었다. 그러자 그의 숭고한 정신을 흠모한 사람들이 배를 띄워 시신을 찾으면서 물고기가 시신을 훼손하지 못하도록 참대 광주리에 담은 쌀을 강물에 뿌렸다고 한다. 이후 해마다 음력 5월 5일에 쌀 대신 쭝쯔를 만들어 강물에 던져 넣으면서 이를 기리게 되었고, 그것이 이어져 오늘날 쭝쯔를 먹는 풍습이 생겨났다고 한다.

중추제에는 웨빙(月饼 yuèbǐng)을 먹거나 선물하는 풍습이 있다. 웨빙은 밀가루를 위주로 한 반죽에 팥, 견과류, 말린 과일 등의 소를 넣어 보름달 모양으로 구운 과자다. 원래 가을철 수확에 대한 감사와 풍요에 대한 기원을 담아 달에 제사를 올릴 때 쓰던 음식이다. 전통적으로 중국인은 중추제에 이 웨빙을 만들어 이웃과 나눠 먹는다.

웨빙(月饼)

02

'무엇'으로
'무엇'을
'어떻게
만드나

중국요리의 특징은 다음과 같다. 첫째, 재료의 선택이 매우 자유롭고 광범위하다. 자원이 풍부한 거대한 땅에서 오랜 역사와 전통을 자랑하면서 아열대성 작물에서 한랭지역 작물에 이르기까지, 어류도 민물고기에서 바다생선에 이르기까지 다양하다. 둘째, 맛이 다양하고 풍부하다. 재료의 다양함을 기반으로 간(甘 gān, 단맛), 셴(咸 xián, 짠맛), 쏸(酸 suān, 신맛), 신(辛 xīn, 매운맛), 쿠(苦 kǔ, 쓴맛)의 다섯 가지 맛을 복잡 미묘하게 배합하여 창출해내는 맛의 다양성은 세계 어떤 요리도 따라올 수 없다. 셋째, 조리기구가 간단하고 사용하기가 쉽다. 가장 중요한 것은 불의 조절과 기름의 사용이고 그 관건은 중식 프라이팬을 얼마나 잘 다루느냐다. 넷째, 조리법이 다양하다. 조리기구는 간단한 반면 조리법이 다양하여 같은 재료로도 전혀 다른 맛과 느낌이 나는 요리를 만들 수 있다. 다섯째, 볶거나 튀기는 등 기름을 많이 사용하여 조리한다. 음식이 칼로리가 높으므로 체내의 기름기 제거를 도와주는 중국차와 잘 어울리며, 도수가 높은 중국술과도 잘 맞는다. 여섯째, 조미료와 향신료가 다양하다. 우리가 중국음식에서 독특한 맛과 향을 느끼는 것은 한국음식에서는 쓰지 않는 조미료와 향신료가 많이 들어가기 때문이다. 일곱째, 음식이 보기에 풍요롭고 화려하다. 중국에서는 흔히 맛있는 음식은 색(色) · 향(香) · 미(味) 삼박자를 다 갖추었다고 한다. 눈으로 보는 색과 코로 느끼는 향이 맛보다 앞서는 것은 그 중요성을 강조한 것이다. 한국음식이 정갈함을 강조한다면 중국음식은 대체로 기름을 충분히 사용하고 향신료를 다양하게 넣으며 그릇에 담겼을 때의 장식성도 매우 중시한다.

🫖 무엇으로 : 조리 도구

조리 도구는 칼과 도마, 취사도구, 화로 세 종류로 나뉜다.

1) 칼과 도마 : 칼의 종류와 기능

중식 칼은 재료를 자르거나 껍질을 벗기거나 뼈를 발라내고 모양을 다듬어 가공할 때 사용한다. 대개 칼끝이 뾰족하지 않고 직선 처리되어 있어 전체적으로 직사각형이다. 광둥요리, 쓰촨요리 등 요리 종류에 따라 다르고 베이징, 쑤저우, 산둥, 둥베이, 허베이 등 지역에 따라서도 여러 종류로 나뉜다. 대표적인 종류는 다음과 같다.

① 펜다오(片刀 piàndāo)

펜다오(片刀)

중국요리의 가장 대표 칼로 몸체가 5 대 3의 직사각형이고 칼등의 두께가 4mm 정도다. 크기에 따라 다펜다오(大片刀), 중펜다오(中片刀), 샤오펜다오(小片刀)로 나뉘고, 얇게 자르거나 가늘게 써는 등 부드러운 식재료와 정교한 칼질에 사용하지만 뼈는 자를 수 없다. 능숙한 요리사는 이 칼로 모든 썰기와 다지기를 할 수 있다.

② 쌍다오(桑刀 sāngdāo)

쌍다오(桑刀)

칼날이 펜다오보다 더 평평하고 길며 얇고 가늘어 고기나 채소처럼 연한 식재료를 잘게 썰거나 자르는 데 사용한다. 훌륭한 요리사는 쌍다오로 파를 머리카락처럼 가늘게 썰 수 있다.

③ 원우다오(文武刀 wénwǔdāo)

원우다오(文武刀)

일반 재료를 썰기도 하고 뼈와 같이 단단한 재료를 자르기도 한다. 문(文)과 무(武)를 겸비한 것에 비유하여 원우다오(文武刀)라는 이름이 붙었다. 펜다오보다 두껍고 무거워서 다지기, 썰기, 껍질 벗

기기 등 다양한 작업이 가능하다. "중국요리 주방장의 칼 한 자루(中餐厨师一把
刀)"라는 말에서 칼은 대개 이런 칼을 가리킨다.

④ 구다오(骨刀 gǔdāo)

뼈를 자르는 무겁고 무딘 칼로 큰 뼈를 자르는 데 사용한다.
펜다오보다 두께가 두껍다.

구다오(骨刀)

⑤ 주장다오(九江刀 jiǔjiāngdāo)

주장(九江 Jiǔjiāng)의 물길처럼 굽어 있어 주장완다오(九江
弯刀 Jiǔjiāng wāndāo)라고도 한다. 주로 갈비, 닭, 오리, 생선
의 머리처럼 작은 뼈를 자르는 데 사용한다.

주장다오(九江刀)

⑥ 사오라다오(烧腊刀 shāolàdāo)

홍콩 지역 식당에서는 대부분 간장에 조린 고기를 파는데
사오라다오는 고기를 자르거나 갈비뼈나 닭과 오리 등의 익힌
고기를 자르는 데 사용한다.

사오라다오(烧腊刀)

⑦ 펜피다오(片皮刀 piànpídāo)

'펜야다오(片鸭刀 piànyādāo)'라고도 한다. 주로 구운 오리고
기를 자르는 데 쓴다. 베이징카오야(北京烤鸭 Běijīng kǎoyā)의
맛은 굽는 것이 7할이고 자르는 것이 3할이라는 말이 있다. 이
칼로 자른 카오야 조각은 108개, 99개, 90개라는 설이 있다.

펜피다오(片皮刀)

⑧ 파이피다오(拍皮刀 pāipídāo)

칼날을 세우지 않은 칼로, 새우 만두피를 두드리는 전문적
인 용도로 쓴다. 새우 만두피는 홍두깨로 밀어서 만드는 것이
아니라 칼로 두드려서 만든다.

파이피다오(拍皮刀)

2) 각종 썰기

중국 칼을 사용한 썰기 가운데 대표적인 것은 다음과 같이 여섯 종류다. 썰기 방법은 우리나라에서 '나박김치'의 '나박'이나 '무채'의 '채'와 같이 요리 이름을 구성하기도 한다. 각각의 명칭은 다음과 같다.

펜(片 piàn) : 얇게 썰기

요리명: 쯔부야오펜(滋补腰片)

쓰(丝 sī) : 실(丝)처럼 가늘게 채 썰기

요리명: 량반싼쓰(凉拌三丝)

딩(丁 dīng) : 정육면체 모양으로 썰기

요리명: 궁바오지딩(宫保鸡丁)

콰이(块 kuài) : 크고 두껍고 뭉뚝하게 썰기

요리명: 훙샤오위콰이(红烧鱼块)

탸오(条 tiáo) : 막대 모양으로 썰기

요리명: 샹취황탸오(爽脆黄条)

원(纹 wén) : 그물코 같은 칼집을 넣어 꽃잎 모양으로 썰기

요리명: 판체원셴바오(番茄纹鲜鲍)

3) 취사도구

불로 조리할 때 사용하는 각종 도구로 솥(锅 guō), 프라이팬(镬 huò), 국자(手勺 shǒusháo), 건지개(漏勺 lòusháo), 시루(笼屉 lóngtì), 쇠젓가락(铁筷 tiěkuài), 쇠송곳(铁钎 tiěqiān), 긁개(手铲 shǒuchǎn), 철망(铁网 tiěwǎng), 구이용 포크(烤叉 kǎochā), 구이용 번철(烤肉炙子 kǎoròu zhìzi) 등이 있다. 솥은 크게 찌고(蒸 zhēng) 끓이는(煮 zhǔ) 솥과 튀기고(炸 zhá) 볶는(炒 chǎo) 솥 두 종류로 나뉜다.

중식 프라이팬은 흔히 광둥식 발음으로 웍 (Wok)*이라고 한다. 보통 우리가 사용하는 바닥이 평평한 프라이팬이 아니라 바닥이 둥근 형태로 볶고 튀기고 지지고 삶고 끓이는 등의 각종 용도로 사용한다. 한쪽에 긴 손잡이가 달린 베이징식, 양쪽 손잡이가 달린 얇고 넓은 광둥식, 깊고 둥근 쓰촨식 세 종류가 있다. 두 손잡이는 다루기 쉽고 편리하지만 긴 시간 요리할 경우 안전성 면에서 한손잡이 프라이

❶ 프라이팬(镬)
❷ 국자(手勺)
❸ 건지개(漏勺)
❹ 시루(笼屉)
❺ 쇠송곳(铁钎)
❻ 구이용 포크(烤叉)

쓰촨식

베이징식

광둥식

---

* 웍(Wok) : 유럽을 여행하다 보면 간판에 'Wok'이라고 한 음식점을 만나게 된다. 중국음식을 위주로 하는 뷔페다. 1인당 가격은 다르지만 2018년 기준 평균 점심은 10유로 내외, 저녁은 12유로 내외다. 중국음식을 위주로 하지만 김밥, 초밥, 회 등 일본음식도 많다. 배낭여행객에게 강력히 추천한다.

팬이 편리하다. 요리할 때 식자재 고유의 맛을 살리고, 추이(脆 cuì, 딱딱하고 바삭바삭한 감촉), 화(滑 huá, 매끈매끈한 감촉), 쑤(酥 sū, 부드러우면서도 바삭바삭한 감촉) 등의 느낌을 살리는 것은 중화 프라이팬을 얼마나 잘 다루느냐에 달려 있다.

4) 화로

요리할 때 열을 가해 식재료를 익히는 설비다. 조리할 때는 도구(용도에 따라 볶고 지지고 삶는 도구인 솥과 프라이팬, 굽는 도구인 화로와 오븐, 찌는 도구인 시루와 찜통)의 선택보다 불의 활용이 더욱 중요하다. 중국요리는 불의 세기와 볶는 시간에 요리의 성패가 달려 있다고 할 만큼 불의 세기가 중요하다. 불의 성질에 따라 중휘(中火 zhōnghuǒ), 샤오휘(小火 xiǎohuǒ), 웨이휘(微火 wēihuǒ), 페이휘(飞火 fēihuǒ), 왕휘(旺火 wànghuǒ), 멍휘(猛火 měnghuǒ) 등으로 나눈다.

🫖 무엇을 : 조미료와 향신료

달고, 시고, 쓰고, 맵고, 짠 다섯 가지 맛을 기본으로 하고, 이것들을 조합한 수많은 복잡한 맛과 향이 더해져 더욱 다양한 맛을 만들어낸다. 발효조미료를 비롯하여 조미료 종류가 많은 것도 특색의 하나다. 또 밑간을 한 뒤 마무리 단계에서 한 번 더 조미료를 넣은 것들이 많다. 더욱이 단독으로 사용하는 것은 드물고, 대부분 열 가지 이상의 조미료를 조합한다. 이 조미료들을 어떤 순서로 사용하느냐에 따라 다른 색과 맛을 만들어낼 수 있다. 한 번에 익히는 것은 적고 열탕에 데치거나, 미리 익히거나, 기름에 데치는 등 일차 조리를 하고 나서 마무리 조리를 하는 경우가 많다. 밑 손질은 충분히 조미하기 위해 수분을 없애고 좋지 않은 맛을 우려내며, 요리 완성 시간을 줄이고 재료를 고르게 익히는 것을 도와준다.

1) 조미료

중국요리에서 조미료는 매우 많지만 중국만의 독특한 맛을 만들어내는 대표 조미료를 들면 다음과 같다.

① 성처우(生抽 shēngchōu)

간장의 일종으로 영어로는 'light soy sauce'라고 한다. 간을 내기 위해 쓰며 가벼운 볶음요리나 냉채에 많이 쓴다.

성처우(生抽)

② 라오처우(老抽 lǎochōu)

성처우보다 색깔은 진하지만 싱거운 간장으로 '라오더우유(老豆油 lǎodòuyóu)'라고도 한다. 풍미가 좋은 중국식 간장이라고 할 수 있다. 한국이나 일본의 간장에 비해 농도가 짙고 짠맛이 적으며 비교적 달짝지근하다. 둥포러우(东坡肉 Dōngpōròu) 등의 오리지널 레시피에는 성처우와 함께 라오처우가 들어간다.

라오처우(老抽)

③ 라자오유(辣椒油 làjiāoyóu)

쓰촨식 고추기름으로 줄여서 '라유(辣油)'라고도 한다. 잘 갠 고춧가루에 향신료를 섞은 뒤 뜨거운 기름으로 우려내 고추의 색과 맛이 난다. 만드는 도중에 고춧가루가 타지 않으면서 맛이 잘 우러나와야 하므로 기름 온도를 제대로 맞춰야 한다.

라자오유(辣椒油)

④ 더우반장(豆瓣酱 dòubànjiàng)

중국식 장의 일종으로 콩과 누에콩(잠두)을 섞어서 발효시키고, 소금과 향신료를 첨가해서 맛을 완성한 장이다. 고추가 들어간 쓰촨라더우반장(四川辣豆瓣酱, 쓰촨식 매운 두반장)을 한국에서는 흔히 '두반장'이라고 줄여 부른다. 고추장에 비해 더 짜고 매우며 약간 기름진 맛이 난다.

더우반장(豆瓣酱)

하오유(蚝油)

⑤ 하오유(蚝油 háoyóu)

굴소스로, 소금에 절여 발효시킨 굴에서 나오는 진한 국물에 밀가루, 전분, 감미료 등을 섞어 캐러멜로 색을 입힌 중국식 피시소스(fish sauce)다. 짠맛이 나면서 독특한 풍미를 만들므로 볶음요리에 최적의 효과를 준다. 중국에서는 볶음요리의 맛을 정리할 뿐 아니라 절임용 국물이나 테이블 소스 등 다양하게 활용한다. 질 좋은 굴이 풍부한 광둥에서 발명되어 중국요리 전반에 쓰이며, 베트남과 캄보디아의 요리에도 쓰인다.

하이센장(海鮮醬)

⑥ 하이센장(海鮮醬 hǎixiānjiàng)

중국요리에서 사용하는 장이다. 물, 설탕, 콩, 식초, 쌀, 소금, 밀가루, 마늘, 고추 등으로 발효시키며, '호이신 소스(Hoisin Sauce)'라고도 한다. 호이신(Hoisin)이란 '하이센장'의 '하이센'을 광둥어로 발음한 것이다. 베이징카오야(烤鴨)나 스프링롤을 찍어먹을 때도 사용한다.

XO장

⑦ XO장(XO醬 XO jiàng)

홍콩에서 최초로 만든 소스로 우리말로는 'XO소스'라고 한다. 고추기름을 베이스로 하여 게와 새우, 마른 해삼, 조개, 중국 햄 등 값비싼 재료를 볶아서 만든다. 고급 브랜디의 등급 표기인 XO에서 이름을 따왔는데, XO 브랜디에 맞먹을 만큼 고급 소스라는 뜻이다.

톈멘장(甜面醬)

⑧ 톈멘장(甜面醬 tiánmiànjiàng)

중국식 장의 일종으로 한국에서는 한자음으로 발음하여 '첨면장'이라고도 한다. 밀가루가 주재료이며 소금과 물을 넣고 발효시켜 만든다. 붉은빛이 도는 갈색으로 단맛이 나며 볶음요리를 찍어 먹거나 오리고기를 먹을 때 사용한다.

2) 향신료

향신료는 식물의 꽃과 열매, 씨앗, 뿌리, 나무껍질 등에서 얻는다. 향이 독특하며 주로 매운맛이나 쓴맛이 난다. 보통 음식의 맛과 향을 돋우는 양념으로 쓴다. 한국음식에 자주 사용하는 파, 마늘, 고추, 생강 등도 향신료로서 중국음식에도 쓰인다. 하지만여기서는 한국음식에는 거의 쓰이지 않으며 중국음식 특유의 맛과 향을 만들어주는향신료만 소개한다.

① 다후이샹(大茴香 dàhuíxiāng)

바자오후이샹(八角茴香 bājiǎohuíxiāng) 또는 줄여서 바자오(八角 bājiǎo)라고도 한다. 우리나라에서는 '팔각(八角)'이라는이름으로 알려져 있다. 샤오후이샹(小茴香 xiǎohuíxiāng)과 더불어 중국의 대표 향신료다. 바자오는 열매 모양이 작은 불가사리처럼 팔각형인 데서 유래했다. 본래 맛으로 돌아오게 한

다후이샹(大茴香)

다는 의미에서 '후이(回)'자가 들어 있는 '후이(茴)'를 쓴다고 한다. 다후이샹은 샤오후이샹과 더불어 고기를 조리할 때 잡냄새를 없애는 데 사용한다. 특히 쓰촨사람들이 즐겨 쓰는 맵고 자극적인 맛을 낼 때 주로 넣는다. 얼얼한 맛과 알싸한향이 식재료의 나쁜 냄새를 없애주고 풍미를 높인다. 다후이샹과 샤오후이샹은약용으로도 쓰이는데 추위를 막고 몸의 통증을 완화해준다.

② 샤오후이샹(小茴香 xiǎohuíxiāng)

미나리과에 속하는 회향의 열매로 '후이샹(茴香 huíxiāng)'이라고도 한다. 열매모양은 다후이샹과 다르지만 다후이샹과 마찬가지로 육류를 삶을 때 잡내를 없애며 음식의 풍미를 높여준다. 샤오후이샹 열매는 조미료로 사용하며 줄기부분은 만두나 찐빵의 속재료로 넣기도 한다.

샤오후이샹(小茴香)

샤오후이샹의 열매

③ 구이피(桂皮 guìpí)

구이피는 육계(肉桂)의 껍질을 말한다. 육계는 상록수로 장과(樟科)에 속한다. 구이피는 우리말로는 '계피', 영어로는 시나몬(cinnamon)이라고 한다. 한국음식 가운데 말린 곶감으로 만드는 수정과에 들어가는 것이 바로 계피이며, 커피전문점의 시나몬 커피에 얹는 가루가 바로 계핏가루다. 중국요리에서는 고기의 잡내를 없애는 데 자주 활용되며 몸을 따뜻하게 해주는 성분이 있어 가루로 만들어 차로 마시기도 한다.

중국음식에는 이와 이름이 비슷한 향신료로 구이화(桂花 guìhuā)도 많이 쓰이는데, 육계와 같은 상록수이나 목서과(木犀科)로 다른 나무다. 계화나무의 꽃은 노란색, 붉은색, 흰색이 있는데 노란색 꽃이 피는 것이 진구이(金桂 jīnguì)라고 해서 가장 널리 알려져 있다. 맛과 향이 독특해서 각종 음식이나 과자 등에 들어간다. 참고로 한국에서 계수나무라고 하는 것은 일본 종으로 계피나 계화와는 아무 관련이 없는 낙엽수이며 단지 잎 모양이 아름다워 계수나무라고 한다.

구이피(桂皮)

계화나무의 꽃인 구이화(桂花)

④ 화자오(花椒 huājiāo)

　　얼얼한 매운맛을 내는 대표적인 향신료이다. 한국에서 추어탕의 잡내를 없앨 때 쓰는 산초(山椒)와 비슷하다고 생각하면 된다. 육류나 생선 요리의 매운맛을 낼 때 사용하고 생강, 고추와 함께 쓰인다. 중국의 대표적 혼합 향신료인 우샹(五香 wǔxiāng)의 재료로 쓰일 만큼 대중적이다.

화자오(花椒) 열매

말린 화자오

⑤ 딩샹(丁香 dīngxiāng)

　　정향나무의 말린 꽃봉오리로 육류의 잡내를 잡아주는 데 효과적이다. 성질이 따뜻하고 맛이 매워서 위와 장의 운동을 활발히 해주고 몸을 따뜻하게 하며 소염작용이 있어 염증을 없애는 데에도 도움을 준다.

　　참고로 중화요리에 두루 쓰이는 우샹(五香 wǔxiāng)은 다후이샹, 샤오후이샹, 구이피, 산자오, 딩샹 등 다섯 가지 향신료를 배합하여 만든 혼합 향신료다. 우리에게 익숙한 우샹장러우(五香醬肉 wǔxiāng jiàngròu, 오향장육)가 바로 우샹을 넣어서 만든 요리다.

딩샹(丁香)

말린 딩샹

⑥ 웨구이예(月桂叶 yuèguìyè)

웨구이(月桂 yuèguì, 월계수)는 구이피나 구이화와 달리 장과(樟科)에 속하는 상록수이며 말린 잎을 향신료로 사용한다. 웨구이예(월계수 잎)는 향기가 짙고 음식의 풍미를 높이며 고기의 누린내를 효과적으로 없애준다. 프랑스요리에는 기본 향신료로 사용되며 인도나 태국의 요리에도 자주 쓰인다.

웨구이예(月桂叶)

⑦ 러우더우커우(肉豆蔻 ròudòukòu)

러우더우커우(육두구)의 주요 산지는 인도네시아, 말레이시아 그리고 중국 남단의 섬 하이난다오(海南岛 Hǎinándǎo) 등이다. 향이 독특하며 맛이 맵고 약간 쓰다. 고기의 잡내를 없애주며 위장 운동을 도와준다.

❶❷ 러우더우커우(肉豆蔻) 열매
❸ 말린 러우더우커우

⑧ 쯔란(孜然 zīrán)

'쿠밍(枯茗 kūmíng)'이라고도 하며 영어로는 커민(cumin)이라고 한다. 미나리과에 속하는 식물의 씨앗으로 지중해 동부와 이집트 북부가 원산지다. 구약성서에 등장할 정도로 역사가 길다. 로마시대에는 육류에 후추처럼 뿌려 먹었다고 하며 지금도 이란, 터키, 이집트, 러시아 등에서 두루 사용된다. 특유의 진한 향이 다른 냄새를 모두 감출 정도로 강해 한국인에게는 다소 거부감이 느껴질 수 있다. 신장(新疆)위구르 지역의 대표 요리인 양꼬치에 쯔란을 뿌려 먹는다.

쯔란(孜然)

쯔란에 양념한 양꼬치

⑨ 천피(陈皮 chénpí)

우리말로 진피라고 하며 말린 귤껍질이다. 다른 향신료들과 마찬가지로 고기를 삶을 때 넣어서 잡내를 없앤다. 귤 특유의 향이 있어 감칠맛을 돋워준다.

굴껍질

천피(陈皮)

⑩ 샹차이(香菜 xiāngcài)

우리나라에서 '고수'라고 하는 중국요리의 대표적 향신료다. 중국음식을 처음 접할 때 열에 아홉은 손사래를 치는 이유가 바로 이 샹차이 때문이다. 샹차이는 멕시코, 베트남, 태국 등 세계 여러 나라에서 매우 훌륭한 향신료로 쓰인다. 면요리의 국물에도 자주 사용되는데 고명처럼 위에 얹어서 먹는다. 치커리와 비슷하게 생겼으며 민트처럼 향이 강하고 비타민 C가 풍부하다.

샹차이(香菜)

샹차이를 곁들인 음식(마라샤오롱샤 麻辣小龙虾)

🫖 ③ 어떻게 : 24가지 중국요리 조리법

1) 차오(炒 chǎo)

차오(볶기)는 중국요리의 가장 기본 조리법이다. 센 불을 사용하여 뒤집으며 골고루 익힌다. 솥과 기름이 뜨거워야 하고 기름은 재료에 따라 선택할 수 있다. 재료, 불의 세기, 기름의 온도 등에 따라 성차오(生炒 shēngchǎo, 날것 사용), 화차오(滑炒 huáchǎo, 중온에서 익혀 사용-), 수차오(熟炒 shúchǎo, 푹 익혀 사용), 간차오(干炒 gānchǎo, 말린 재료 사용)로 구분된다.

농쟈샤오차오러우(农家小炒肉)

2) 바오(爆 bào)

우바오두쓰(芜爆肚丝)

바오(센 불에 빨리 익히기)는 뜨거운 기름(150~200℃)에 넣고 튀기거나, 끓는 물에 삶거나, 센 불에서 끓는 탕에 넣는 등 강한 화력으로 매우 빠르게 익히는 조리법이다. 가장 짧은 시간에 완성되는 방법으로 흔히 급하고(急) 빠르고(速) 맹렬한(烈) 조리법으로 일컬어진다. 가열 시간이 짧을수록 음식이 아삭하고 신선한 느낌을 준다. 닭이나 오리의 위장과 살코기 또는 기름기가 적은 돼지고기나 소와 양의 살코기 등과 같이 부스러지기 쉽거나 질긴 재료의 식감을 유지하는 데 적합하다. 함께 사용하는 부재료에 따라 유바오(油爆 yóubào, 기름 넣고 볶기), 우바오(芜爆 wúbào, 샹차이 넣고 볶기), 총바오(葱爆 cōngbào, 대파 넣고 볶기), 장바오(酱爆 jiàngbào, 간장 넣고 볶기) 등으로 나뉜다.

3) 류(熘 liū)

류는 이미 익힌 재료에 소스를 얹어 맛이 배게 하는 조리법이다. 재료를 먼저 기름에 튀기거나 뜨거운 물로 삶은 후 별도의 솥에 루즈(卤汁 lǔzhī, 우샹(五香)을 넣은 간장)를 만들

류싼양(熘三样)

어 조리한 재료를 루즈가 있는 솥에 넣고 휘저어 섞거나 재료 겉에 루즈를 직접 뿌려서 재료에 루즈가 충분히 배면 솥에서 꺼낸다.

4) 자(炸 zhá)

자(튀기기)는 강한 불과 다량의 기름을 이용한 조리법이다. 일반적으로 다른 양념이나 소스가 필요 없다. 기름 온도에 따라 중온(90~140℃)과 고온(140~180℃) 두 단계로 나뉘며, 재료에 따라 칭자(清炸 qīngzhá), 간자(干炸 gānzhá), 롼자(软炸 ruǎnzhá), 쑤자(酥炸 sūzhá), 유린(油淋 yóulín) 등 여러 종류가 있다. 칭자는 식재료에 간장, 술, 소금 등으로 조미한 뒤 튀겨내는 방법이다. 간자는 조미료가 식재료에 충분히 스며든 뒤 튀겨내어 겉과 안이 모두 바삭거린다. 롼자는 식재료에 튀김옷을 입혀 70~80% 익힌 뒤 꺼냈다가 다시 한

롼자샤런(软炸虾仁)

번 튀겨내어 부드러운 식감을 만든다. 유린은 신선하고 연한 식재료를 튀길 때 쓰며, 식재료의 겉이 황금색으로 변해 껍질과 속이 익으면 건져내는 방법이다.

5) 펑(烹 pēng)

기름에 이미 튀긴(炸 zhá) 재료에 조미한 소스를 끼얹어 맛이 배게 가열하는 조리법이다. 펑은 크게 육류와 채소류 두 가지로 나뉜다. 육류를 재료로 하는 펑(烹) 조리법은 다음과 같다. 먼저 튀김옷을 입히거나 튀김옷을 입히지 않은 납작한 조각(片 piàn), 가는 채(丝 sī), 덩이(块 kuài), 토막(段 duàn) 등의 형태로 재료를 다듬어 센 불에 기름으로 한 번 튀긴다. 그다음 기름을 살짝 두른 솥을 센 불에 놓고 튀긴 재료들을 넣어 전분을 넣지 않은 여러 가지 조미료나 조미료와 전분을 섞은 물을 넣어 강한 불에 빠르게 볶는다. 채소류를 재료로 하는 펑은 재료를 직접 볶거나 끓는 물에 데친 다음에 볶는 방법이다.

자펑리지(炸烹里崤)

6) 젠(煎 jiān)

젠(지지기)은 프라이팬을 가열한 후 바닥에 기름을 약간 두르고 다듬은 재료를 넣어 서서히 익히는 조리법이다. 보통은 한쪽을 먼저 지진 후 뒤집어 다른 쪽을 지진다. 지질 때 프라이팬을 계속 흔들면 재료가 서로 달라붙지 않고 열을 골고루 받아 음식 색깔이 균일해진다. 재료는 원래 모양이 납작한 것을 사용하거나 납작한 모양으로 다듬어 사용한다.

샹젠샤오황위(香煎小黄鱼)

7) 톄(贴 tiē)

두세 가지 식재료를 섞은 뒤 프라이팬에서 한쪽 면만 부쳐 황금빛이 나도록 바삭거리게 익히는 조리법이다. 이때 다른 쪽은 신선하고 부드러운 상태를 유지한다. 젠(煎)과 가장 큰 차이점은 한쪽만 지진다는 것이다. 재료 모양이 흐트러지지 않게 하려고 보통 직사각형으로 만든다.

궈톄(锅贴)

8) 사오(烧 shāo)

사오(조리기)는 재료를 한 번 또는 두 번 이상 가열한 후 탕(혹은 물)과 양념을 넣고 센 불에 조리다가 다시 약한 불로 천천히 조리는 조리법이다. 육류나 해산물은 충분히 익을 때까지, 어류나 두부류는 연하고 부드러워질 때까지, 채소류는 신선하면서도 부드러워질 때까지 조린다. 이때 국물이 줄어들어 걸쭉해진다. 맛과 색, 소스의 양에 따라 홍사오(红烧 hóngshāo, 간장을 넣어 검붉은색), 바이사오(白烧 báishāo, 소금으로 맑게 조리기), 간사오(干烧 gānshāo, 소스가 거의 없게 조리기), 장사오(酱烧 jiàngshāo, 간장 넣고 조리기), 총사오(葱烧 cōngshāo, 대파 넣고 조리기), 라사오(辣烧 làshāo, 맵게 조리기) 등

총사오하이선(葱烧海参)

으로 나뉜다. 가열 시간은 30분 미만이거나 30분에서 60분 사이로 둔(炖 dùn)이나 웨이(煨 wēi)보다 짧으며 주(煮 zhǔ)와 비슷하다.

9) 먼(焖 mèn)

먼(뜸들이기)은 약한 불에 뚜껑을 덮고서 천천히 재료를 익히는 조리법이다. 뜸들이기와 비슷하다. 조리 과정은 전체적으로 사오(烧)와 비슷하지만 화력이 사오보다 약하며 가열 시간을 30분 이상 길게 한다는 점이 다르다.

유먼다샤(油焖大虾)

10) 둔(炖 dùn)

둔(고기)은 사오(烧)와 비슷하지만 끓인 채소의 탕국이 훨씬 많다는 점이 다르다. 먼저 대파와 생강을 센 불에 볶고 탕이나 물을 부으며 끓인 다음 주재료를 넣는다. 처음엔 센 불로 가열하다 나중에는 약한 불로 천천히 가열한다. 푹 고아서 주재료가 부드럽고 물러져야 한다. 일반적으로 짭짤하면서 신선한 맛을 내며 국물이 많다.

샤오지둔모구(小鸡炖蘑菇)

11) 정(蒸 zhēng)

정(찌기)은 증기를 이용한 조리법으로 양념한 재료를 센 불이나 중간 불로 가열하여 재료를 부드럽게 익힌다. 간정(干蒸 gānzhēng, 수분 없이 찌기), 칭정(清蒸 qīngzhēng, 양념하지 않고 찌기), 펀정(粉蒸 fěnzhēng, 곡물가루 넣고 찌기) 등으로 나뉜다.

칭정루위(清蒸鲈鱼)

12) 찬(汆 cuān)

찬(데치기)은 재료를 끓는 물(90~100℃)에 넣고 짧은 시간에 센 불로 가열하여 국물이 있는 요리를 만드는 조리법이다.

쏸차이찬바이러우(酸菜汆白肉)

장유수이주바이츠위(酱油水煮白翅鱼)

13) 주(煮 zhǔ)

주(삶기)는 췬(余)과 비슷하지만 가열 시간이 훨씬 길다. 식재료를 맑은 탕이나 물에 넣고 센 불로 끓이다가 중간 불이나 약한 불로 천천히 삶는 조리법이다.

샤런후이더우푸(虾仁烩豆腐)

14) 후이(烩 huì)

후이(모아 끓이기)는 여러 재료를 함께 넣고 끓이는 조리법이다. 대파와 생강을 넣은 탕수 또는 조미료와 전분을 섞은 물과 함께 넣어 끓인다. 이 방법으로 만든 요리는 탕수의 양이 주재료와 같거나 조금 더 많다. 사오(烧)와 비슷하지만 국물이 많고 매끄러운 편이다.

창차오서우쓰바오차이(炝炒手撕包菜)

15) 창(炝 qiàng)

창(살짝 익혀서 무치기)은 손질한 재료를 물에 살짝 삶거나 기름에 볶아 소금, 산초(花椒), 고추기름 등을 넣고 함께 버무리는 조리법이다. 냉채를 만들 때 주로 사용한다.

탕추뤄보(糖醋萝卜)

16) 옌(腌 yān)

옌(절이기)은 주로 냉채를 만들 때 쓰는 방법으로 재료를 용액에 절이는 가공 방법이다. 절일 때 사용하는 부재료에 따라 옌옌(盐腌 yányān 소금에 절이기), 짜오옌(糟腌 zāoyān 지게미로 절이기), 쭈이옌(醉腌 zuìyān, 술에 절이기) 등으로 나뉜다.

17) 반(拌 bàn)

반(무치기)은 익히지 않은 재료나 익힌 재료를 채, 편, 토막, 깍두기 모양 등 여러 형태로 손질하고 양념을 둘러 무치는 방법이다.

량반무얼(凉拌木耳)

18) 카오(烤 kǎo)

카오(굽기)는 재료를 복사열로 익히는 조리법이다. 뜨거운 공기에서 구워지면서 표면의 수분이 증발하여 바삭바삭한 층이 만들어진다. 내부의 수분은 증발할 수 없으므로 안쪽은 부드럽다.

샹라카오체쯔(香辣烤茄子)

19) 루(卤 lǔ)

루는 깨끗이 씻은 재료를 미리 양념해둔 우샹즈(五香汁 wǔxiāngzhī)에 넣고 끓여서 재료에 우샹즈가 스며들게 하여 식힌 뒤 먹는 조리법으로, 냉채 요리법 가운데 하나다.

샹루바이예제(香卤百叶结)

20) 동(冻 dòng)

동(젤리처럼 만들기)은 동물성 식재료에 들어 있는 콜라겐을 찌거나 (蒸) 삶아서(煮) 충분히 녹인 뒤 식혀 젤리처럼 만드는 조리법으로, 냉채 요리법 가운데 하나다.

수이징저우쯔(水晶肘子)

바쓰훙수(拔丝红薯)

21) 바쓰(拔丝 básī)

비쓰(엿이 실처럼 늘어나게 하는 조리법)는 얼음사탕이나 설탕에 기름이나 물을 더해서 달인 뒤 미리 튀겨둔 재료들을 넣고 볶는 조리법이다. 바쓰를 먹을 때 살짝 굳은 설탕이 실오라기처럼 늘어지는 것이 특징이다.

미즈파이구(蜜汁排骨)

22) 미즈(蜜汁 mìzhī)

미즈는 꿀에 물을 적당히 넣고 오랫동안 달여 진하게 만든 뒤 찌거나 삶아 익힌 재료 위에 끼얹는 조리법이다.

화댜오쉰위(花雕燻鱼)

23) 쉰(燻 xūn)

쉰(훈제)은 이미 조리하여 익힌 주재료에 연기를 쏘여 만드는 조리법이다.

탕화쥐안(糖花卷)

24) 쥐안(卷 juǎn)

쥐안(말기)은 잎채소, 계란부침, 밀전병, 꽃잎 등에 여러 가지 소를 넣고 원통형이나 타원형으로 돌돌 말아 찌거나 튀기는 조리법이다.

읽을거리

고대 중국인의 먹거리 사랑

지금부터 400년 전쯤인 명말·청초에 이어(李漁, 1611~1680?)라는 문인이 『한정우기(閑情偶寄)』라는 책을 저술했다. 희곡이론, 양생 비법, 정원 가꾸기 등 다양한 분야를 다룬 이 책에는 이어의 음식 사랑이 듬뿍 담겨 있어 그 일부를 소개한다.

❶ "니들이 게맛을 알아?"

나는 일생 동안 게를 좋아했다. 해마다 게가 아직 나오지 않았을 때는 바로 돈을 저축하며 기다렸다. 가족이 내가 게를 목숨처럼 여기는 것을 비웃었으므로 게 살 돈을 '매명전(买命钱, 목숨을 사는 돈)'이라 스스로 이름 지었다. 나는 9월과 10월을 '해추(蟹秋, 게의 가을)'라고 한다. 게가 쉽게 다 없어져 지속하기 어려울까 근심하여, 집안사람에게 항아리를 씻어 술을 빚은 뒤 게를 술지게미에 담그고 술에 담그는 용도로 준비시켰다. 술지게미는 '해조(蟹糟)'라 하고 술은 '해양(蟹釀)'이라 하며 항아리는 '해옹(蟹瓮)'이라 한다. 게야! 게야! 너는 내 일생에 거의 처음부터 끝까지 함께하는구나!

게는 신선하고 살지며, 감미롭고 기름지다. 하얀 살은 옥과 비슷하고 노란 알은 황금과 비슷하여 이미 색과 향과 맛 세 가지가 지극한 경지에 이르렀으므로 이보다 위에 있을 식품이 하나도 없다. 대개 게를 먹을 때는 다만 게의 몸체를 온전한 그대로 모아 쪄서 익혀 커다란 쟁반에 담아 탁자 위에 진열한 뒤 손님이 마음대로 가져다 먹도록 맡겨둔다. 오직 게와 씨앗(호박씨나 해바라기씨 등)은 반드시 그 수고를 스스로 부담해야 한다. 바로 까서 먹으면 맛이 있지만, 남이 껍질을 까준 것을 먹으면 맛이 밀랍을 씹는 것과 같을 뿐만 아니라 다른 음식인 듯하다. 이것은 향을 좋아하면 반드시 스스로 피우고 차를 좋아하면 반드시 스스로 따라 마셔야지 노복이 아무리 많아도 이러한 일을 맡길 수 없는 것과 같은 이치다.

❷ 우향면(五香面)과 팔진면(八珍面)

나는 남방인으로 북방인 모습을 하고 있으며, 강직한 성격은 북방인과 비슷하고 난폭하게 먹는 것도 북방인과 비슷하다. 다만 밀가루를 먹는 방법이 북방과는 조금 다르고, 남방과는 크게 다르다. 나는 밀가루를 먹을 때 남방인이 말하는 '절면(切面 qiēmiàn, 칼국수)'을 좋아한다.

남방인이 절면을 먹을 때는 '우향면'이나 '팔진면' 중 하나를 먹는다. 우향면은 자신이 먹기에 좋고 팔진면은 손님을 대접하기에 좋다. 우향은 간장, 식초, 산초가루, 참깨가루 그리고 죽순을 데치거나 버섯과 새우를 우려낸 신선한 국물이다. 팔진은 닭고기, 물고기, 새우를 햇볕에 완전히 건조한 뒤, 신선한 죽순, 버섯, 참깨, 산초 열매 네 가지 재료와 함께 아주 고운 가루로 만들어 밀가루에 넣어 뒤섞으며, 여기에 신선한 즙을 더하면 모두 8종이 된다. 자기가 먹는 우향면을 육향면(러우샹멘)으로 해서 안 될 것이 없다. 밀가루를 반죽하는 즙에 계란 흰자위 한두 개를 첨가하면 더욱 좋은데, 이 재료를 앞에 열거하지 않고 뒤에 덧붙인 것은 세상사람 중 사용할 줄 아는 이가 많으므로, 이를 열거하면 또 표절한 것과 같게 되기 때문이다.

03
중국요리의
사대천왕

　　중국인은 사대천왕, 팔대명주, 십대명차 등으로 분류하기를 좋아한다. 이러한 분류는 대부분 객관적이지만 주관적인 생각 또는 자신과 가까운 것을 한두 개 슬쩍 끼워넣는 경우도 많다. 고개가 끄떡여지는 부분도 있지만, 모든 사람이 동의하는 것은 아니다. 중국요리 또한 사람에 따라 10대 요리, 8대 요리, 4대 요리 등으로 나누기도 한다. 요리 전문가를 위한 책이 아닌 만큼 너무 세밀하게 분류하면 경계가 모호해지므로 여기서는 4대 요리로 나누어 소개한다.

　　전통적인 분류법에 따라 산둥 지역뿐 아니라 북방 지역의 전통요리를 루차이로 분류했다. 예부터 '중국요리의 국가대표(食在广州)'로 일컬어지는 광둥(广东 Guǎngdōng)요리를 위주로 하여 웨차이(粤菜 Yuècài)로 분류했다. 강한 향신료와 매운맛으로 중국인뿐 아니라 전 세계인의 입맛을 사로잡은 사천 지역 요리를 촨차이(川菜 Chuāncài)로 분류했다. 그리고 중국 부의 상징이자 '교양인'의 거주지 강남을 대표하던 화이양차이(淮扬菜 Huáiyáng cài)를 장쑤(江苏 Jiāngsū), 저장(浙江 Zhèjiāng), 안후이(安徽 Ānhuī), 상하이(上海 Shànghǎi) 지역으로 좀더 세분하여 설명했다.

🫖 ① 북방의 루차이(鲁菜 Lǔcài) : 종가의 요리

루차이는 북방을 대표하는 요리로 춘추전국시대의 노(鲁)나라였던 산둥(山东 Shāndōng) 지역을 중심으로 베이징과 둥베이(东北 Dōngběi) 지역에 이르기까지 폭넓게 발전해온 요리계통이다. 고대에 중국 북방에는 진(秦), 제(齐), 연(燕), 위(魏) 등의 대국이 포진했지만 왜 하필 소국이었던 노나라가 북방의 음식문화를 대표하게 되었을까? 그 이유는 천혜의 자연환경으로 풍부한 물산에 찬란한 유교문화를 꽃피웠던 문화

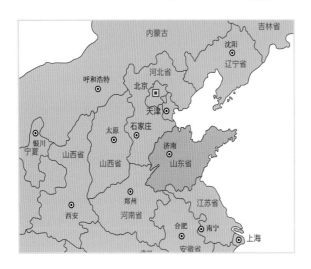

적 배경 때문이다. 흔히 루차이의 5대 요소를 '맛', '향', '형태', '접시', '영양'으로 꼽는다. 이는 바로 이러한 인문·지리적 환경의 소산이자 4대 요리 중에서도 가장 으뜸으로 평가되는 중요한 특징이다. 루차이는 송대 이후부터 점점 북방요리를 대표하게 되는데, 명·청대는 이미 궁정요리의 주체가 되어 베이징, 톈진(天津 Tiānjīn), 허베이(河北 Héběi), 둥베이 등 각 지역으로 퍼져나간다.

1) 천혜의 자연환경

한 지역의 음식문화는 그곳의 지리적·문화적 환경과 밀접한 관련이 있다. 지리적 환경에 따라 먹는 종류, 먹는 방법, 먹는 도구, 요리 방법 등이 다양하다. 또 오랫동안 그 지역의 문화적 전통에 따라 만들어진 후천적 관습도 음식문화에 지대한 영향을 미친다.

① 산둥의 자연환경

산둥성은 우리나라와 가장 가까운 지역에 있다. 동쪽으로는 보하이(渤海 Bóhǎi)와 황해를 사이에 두고 우리와 마주하며 북쪽으로는 허베이, 남쪽으로는 허난(河南 Hénán), 안후이, 장쑤 등의 성(省)과 이웃하고 있다. 우리나라와 같이

삼면이 바다로 둘러싸여 있어 중국 해안선의 6분의 1을 차지하며 광둥성에 이어 두 번째로 길다. 산둥성 중부는 산지로 1,000미터가 넘는 산이 6좌나 있으며, 우웨(五岳 Wǔ Yuè)의 하나인 타이산(泰山 Tàishān)은 해발 1,545미터에 달한다. 동부는 비교적 완만한 구릉 지역이고 서부는 평탄한 평지로, 산지가 약 15%, 구릉이 13%이며 나머지 70% 이상이 모두 평원이나 호수다. 특히 수자원이 풍부하다. 50킬로미터 이상의 하천도 1,000여 개나 되며, 중국을 대표하는 황허(黃河 Huánghé) 강도 산둥의 서남쪽에서 동북쪽으로 흘러 바다로 들어간다.

평원이 넓고 수자원이 풍부하며 해안선이 긴 산둥 지역의 농수산물 생산량은 중국에서 독보적인 위치를 차지한다. 근해에 서식하는 어종이 260종에 달하며, 수출하려고 대량으로 어획되는 고기도 40여 종이 되고 조개류도 100종 이상에 달한다. 산둥은 중국 4대 소금 생산지 중 하나이며 예부터 벼, 면화, 기름의 창고이자 과일과 수산물의 고장으로 일컬어졌다. 쌀 생산량은 중국에서 두 번째이며 중국 총생산량의 50%를 차지하는 보리 생산량은 전국 1위다. 땅콩 생산량은 전국의 40% 정도이며 과일, 채소, 누에, 약재의 주요 생산지이기도 하다. 과일은 품종이 다양할 뿐만 아니라 유명한 지역 특산품이 많다. 옌타이(烟台 Yāntái)의 사과, 라이양(莱阳 Láiyáng)의 배, 페이청(肥城 Féichéng)의 복숭아, 러링(乐陵 Lèlíng)의 대추, 다쩌산(大泽山 Dàzéshān)의 포도, 장추(章丘 Zhāngqiū)의 대파, 라이우(莱芜 Láiwú)의 생강 등은 모두 이름난 특산품이다.

이처럼 산둥 지역은 식재료를 구하기에 천혜의 이점을 가지고 있었다. 따라서 이 지역 사람들은 음식을 단순히 배고픔을 달래는 수단으로만 간주하지 않았으며 맛있고 다양하고 품격 있는 음식을 조리하는 데 시간을 많이 들일 수 있었다.

② 산둥의 인문환경

　　산둥 지역은 세계 4대 문명발상지 중 하나인 황허문명의 태동지로, 4~5만 년 전부터 인류가 번성했다. 황허 중류에서 하류에 걸쳐 퍼져 있던 신석기시대 문화인 베이신(北辛 Běixīn)문화(기원전 5300년경~기원전 4100년경), 다원커우(大汶口 Dàwènkǒu)문화(기원전 4100년경~기원전 2600년경)를 거쳐 룽산(龙山 Lóngshān)문화(기원전 2500년경~기원전 2000년경)를 창조한 바 있다. 그중 룽산문화시기에는 검은색 도자기를 많이 사용했기 때문에 헤이타오(黑陶 hēitáo, 흑도)문화라고도 한다.

　　산둥 지역은 춘추전국시대를 거치면서 공맹(孔孟)의 고향이자 유교의 고장으로 거듭난다. 유교의 가장 핵심 덕목인 인의(仁义)를 실천하기 위해 효(孝), 제(悌), 충(忠), 신(信)의 네 가지 덕목이 중시되었고, 이 네 덕목의 구체적인 행동지침이 바로 예(礼)였다. 산둥 사람들은 예가 아니면 보지도 말고, 듣지도 말고, 행동하지도 말도록 가르침을 받으면서 성장했다. 한(汉)대 이후 유교가 국교가 되면서 이러한 전통은 특히 산둥 지역에 깊이 뿌리 내려 산둥인의 성격과 다양한 문화에 영향을 미치게 된다.

　　중국인이 산둥 사람을 평가할 때 가장 보편적인 표현은 아마도 '산둥하오한(山东好汉 Shāndōng hǎohàn, 산둥 사나이)'일 것이다. '하오한'이라는 표현에는 성격상의 호방함뿐 아니라 의리와 신의까지도 들어 있다. 일반적으로 중국인이 가장 사귀고 싶어 하고 동업하기를 희망하는 사람들이 바로 산둥 지역 사람들이라고 한다. 이는 하루아침에 붙은 평가가 아니며 오랫동안 알게 모르게 예를 실천해오면서 사람을 정성스럽게 대하고 신의를 목숨같이 여겼기 때문에 붙여진 것이다. 이러한 문화적 배경은 음식문화에도 깊은 영향을 주었다. 예의의 고장인 만큼 상대방을 극진히 생각하고 모시기 위해 정성이 담긴 음식을 만들어 대접하는 예절이 엄격했다. 큰 접시에 가득 담고 큰 잔이 넘치도록 붓고 상다리가 부러질 정도로 차려 대접하는 산둥의 음식문화는 바로 이러한 문화적 배경의 산물이라고 할 수 있다.

읽을 거리

❶ 남방은 쌀, 북방은 밀

거대한 중국 대륙을 크게 남방과 북방으로 나누곤 한다. 따뜻하고 비가 많이 오는 남방과 춥고 건조한 북방은 자연환경의 차이가 큰 만큼 음식에서도 문화적 차이를 보인다. 그 대표적인 것이 주식의 차이로 남방은 쌀을, 북방은 밀을 주식으로 한다. 이른바 '난미 베이몐(南米北面 nánmǐ běimiàn)'이다. 또 남방은 전통적으로 쌀과 함께 생선을 많이 먹고 북방은 면식과 더불어 양고기와 같은 육류를 많이 먹어 남북방의 음식문화를 각각 어미(鱼米)문화와 양면(羊面)문화라 압축해 표현하기도 한다. 남방인이 주식으로 즐겨 먹는 쌀은 인디카 종에 속하여 찰기가 적고(우리가 흔히 안남미라고 하는 쌀) 면도 쌀국수류가 발달되어 있다. 북방에서는 한대(汉代) 이래 실크로드를 거쳐 전래된 분식문화의 영향으로 밀로 만든 국수나 찐빵, 만두, 전류 등을 즐겨 먹는다.

❷ 중국 쌀의 종류

중국 쌀은 크게 두 종류다. 먼저 우리가 흔히 안남미라고 하는 쌀이 있는데, 주로 중국 남방에서 재배하며 모양이 길쭉하고 찰기가 없어 밥알이 분리된다. 그래서 밥그릇을 한 손으로 들고 기다란 나무젓가락으로 마시듯이 먹는다. 이 쌀은 '인디카' 쌀로 전 세계 쌀의 90%를 차지하며 베트남, 필리핀, 태국 등 동남아시아에서 주로 생산된다. 중국 북방에서 생산되는 쌀은 한국, 일본에서 생산되는 쌀과 같은 품종이다. 이 쌀은 전분이 많아 차지고 인디카 쌀에 비해 짧고 둥글다. 보통 '자포니카' 쌀 혹은 '일본종'으로 불린다. 이 외에도 '재스민'이라는 쌀이 있다. 재스민은 모양을 보면 인디카 계열의 품종이지만 향기가 있어서 '향미쌀'이라고도 한다.

2) 전통의 종가

① 선진(先秦)

루차이의 역사는 중국 최초 세습왕조인 하(夏)나라까지 거슬러 올라간다. 물론 이보다 앞선 기원전 5000년 무렵에도 산둥 지역의 룽산문화나 다원커우문화 유적지에서는 음식문화의 시작을 알리는 도편(陶片)들과 각종 주기(酒器)들이 발견되었다. 하지만 중국 최초의 문헌인 『상서(尚书)』*와 『시경(诗经)』**에 구체적인 재료들이 나와 있다. 『상서』 「우공(禹贡)」편에서는 "산둥에서는 소금을 공물로 바친다(青州贡盐)"라고 했으니, 산둥 지역이 이 시기부터 이미 중국의 4대 소금 생산지로 자리매김했음을 알 수 있다. 『시경』 「진풍(陈风)·형문(衡门)」에 "어찌 고기를

---

* 『상서(尚书)』 : 중국 유교 오경(五经) 가운데 하나로 중국에서 가장 오래된 역사서다. 서(书) 또는 서경(书经)이라고도 한다.

** 『시경(诗经)』 : 중국 최초의 시가집으로 공자가 제자들을 교육하려고 편집한 것으로 알려져 있다.

먹는데 반드시 황허의 잉어여야만 하겠는가(岂其食鱼，必河之鲤)?"라는 구절에서 알 수 있듯이, 황허 하류의 잉어는 그 당시 대표적 지역 특산물로, 현재 산둥의 대표요리인 '탕추황허리위(糖醋黄河鲤鱼 tángcù huánghé lǐyú)'의 주재료로 쓰인다.

춘추전국시기에는 루차이의 음식문화가 형성되었다. 이 지역 출신인 공자(孔子) 덕분에 다른 지역에서 넘볼 수 없는 한 차원 높은 격식과 기풍을 지닌 음식문화가 형성된다. 『논어(论语)』「향당(乡党)」편은 신분, 장소, 상황 등에 따라 서로 지켜야 할 세부적인 예의 절목들로 구성되어 있는데, 이 가운데 음식문화에 관한 내용이 상당히 많다. 예를 들어 "밥은 흰 쌀밥을 싫어하지 않으시며, 회(脍)는 가늘게 썬 것을 싫어하지 않으셨다(食不厌精，脍不厌细)", "색깔이 나쁜 것은 먹지 않고, 냄새가 나쁜 것도 먹지 않았으며, 적당하게 익지 않은 것은 먹지 않고, 제철 음식이 아니면 먹지 않았으며, 바르게 잘리지 않은 것은 먹지 않고, 간이 잘되지 않은 것은 먹지 않았다(色恶不食，臭恶不食，失饪不食，不时不食，割不正不食，不得其酱不食)" 등의 표현이 있다. 이는 조리 방법, 재료 선택, 섭취 시기, 맛 등에 대한 요구를 직접 표현한 것으로, 음식이 단순히 배를 채우는 도구가 아니라 동물과 구별되는 인간적 예의와 문화적 가치를 구현해낸 것이라는 의미이다.

② 진한(秦汉)에서 당송(唐宋)까지

이 시기에는 루차이 음식문화가 발전하고 성숙했다. 산둥의 주청(诸城 Zhūchéng) 량타이(凉台 Liángtái)에서 발견된 한대의 「파오추투(庖厨图 páochútú)」에는 다양한 원자재의 종류와 도살과 칼질은 물론 굽고 지지며, 찌고 데우는 요리과정과 연회 장면까지 상세히 묘사되어 있어 당시 요리과정이 이미 상당히 전문화되고 분업화되었음을 엿볼 수 있다. 북위(北魏)시기 북양(北阳)태수 가사협(贾思勰)이 총 10권으로 편찬한(532~549년경) 『제민요술(齐民要术)』은 남북조시기 산둥 지역의 요리

「파오추투(庖厨图)」

수준을 잘 보여준다. 중국에 현재 전하는 종합적 농서 가운데 가장 오래된 『제민요술』에는 화북 지역의 농업을 중심으로, 한나라 이후의 곡물·채소·과수 따위의 경종법(耕种法), 가축 사육법, 술·된장 양조법 등이 체계적으로 기술되어 있다. 특히 산둥 지역 요리 기교를 상세하게 묘사했는데, 젠(煎 jiān, 지지기), 사오(烧 shāo, 조리기), 차오(炒 chǎo, 볶기), 주(煮 zhǔ, 삶기), 카오(烤 kǎo, 굽기), 정(蒸 zhēng, 찌기), 옌(腌 yān, 절이기), 라(腊 là, 말리기), 둔(炖 dùn, 고기), 짜오(糟 zāo, 지게미로 절이기) 등 요리법뿐만 아니라 이 지역의 진미가효(真味佳肴) 100여 종의 이름과 카오야(烤鸭 kǎoyā), 카오루주(烤乳猪 kǎorǔzhū) 등 유명 요리의 조리법을 소개했다. 이 책은 오늘날 산둥요리의 특징을 형성하는 데 결정적 역할을 했다.

당대에는 지괴소설 작가 단성식(段成式)이 경전에는 전하지 않는 신기한 이야기를 모아 엮은 『유양잡조(酉阳杂俎)』에서 제(齐)와 노(鲁) 지역의 요리 기교와 재료를 상세히 설명했다. 이 책에는 당시 높은 요리 수준에 대해 "먹지 못할 음식이 없었으며 불의 세기만 맞으면 다섯 맛은 균형을 잘 이루었다(无物不堪食，惟在火候，善均五味)"라고 평가했다. 송대에는 대도시였던 변경(汴京, 지금의 카이펑)과 임안(临安, 지금의 항저우) 등에서 이른바 '북식(北食)'이라는 요리계통의 명칭이 붙었는데, 이 '북식'이 바로 루차이를 중심으로 하는 북방요리를 일컫는 말이다. 송대에는 특히 북방의 면요리와 음식 시장이 매우 발달했다. 중국 북송시대 한림학사(翰林学士) 장택단(张择端)이 북송의 수도 변경의 청명(清明) 풍경을 그린 「청명상하도(清明上河图)」를 보면 10리나 되는 길 양쪽에 음식점과 사람들이 즐비한데, 이로써 당시 음식문화가 얼마나 번성했는지 짐작할 수 있다.

「청명상하도」 일부

③ 원(元), 명(明), 청(淸)

원, 명, 청 700여 년은 현재의 루차이로 집대성되는 시기다. 지난(济南 Jǐnán)요리, 자오둥(胶东 Jiāodōng)요리, 쿵푸(孔府 Kǒngfǔ)요리 등 세 갈래 루차이가 기본적으로 형성된 시기이기도 하다. 특히 한족의 음식문화와 몽골족·만주족의 음식문화가 융합해 종류가 더욱 다양해지고 맛 또한 깊고 풍부해졌다. 이들 세 왕조가 모두 베이징을 수도로 삼으면서 루차이와 산둥의 유명한 요리사가 궁정으로 대거 들어가 루차이는 명실상부 북방요리를 대표하게 되었다. 베이징 요리사에는 명나라 이후 전통적으로 산둥성 출신이 많았는데, 청대에는 더 많은 산둥 출신 요리사가 황궁에 들어가 궁중요리인 '만한취안시'의 구심점이 되는 등 중국요리에 영향력이 컸다. 특히 건륭제(乾隆帝, 1735~1795 재위) 이후 1911년 중국 최초의 중화민국을 세운 신해혁명으로 청나라가 멸망할 때까지 황실 주방은 산둥성 푸산(福山 Fúshān)현 출신들의 독무대라고 할 정도였다.

읽을거리

❶ 궁바오지딩(宫保鸡丁 gōngbǎo jīdīng)

궁바오지딩은 청나라 함풍(咸丰) 연간에 진사를 지낸 정보정(丁宝桢)의 이름에서 연원한다. 정보정은 상당한 미식가였다. 그는 일찍이 '태자태보(太子太保 tàizǐtàibǎo)'라는 관직에 있었는데 이 태자태보를 줄여서 '궁보(宫保 gōngbǎo, 궁바오)'라고도 했다. 동치(同治) 6년(1867)에 산둥 지역 순무가 되어 지난에 온 그는 주진신(周进臣), 유계상(刘桂祥) 등의 요리사들이 만들어 주는 '차오지딩(炒鸡丁 chǎo jīdīng)'을 매우 좋아했다. 그는 연회를 베풀 때마다 손님들에게 이 요리를 대접하여 칭찬을 받았다. 그것이 순식간에 세상에 알려지자 사람들은 이 요리를 '궁바오지딩'이라 불렀다.

궁바오지딩(宫保鸡丁)

❷ 공화춘(共和春)

공화춘은 인천광역시 중구 선린동에 있는 옛 중화요리 식당 건물로 대한민국의 등록문화재 제246호다. 1912년에 개업한 공화춘은 대한민국에서 자장면을 최초로 개발하여 판매한 곳으로 알려져 있다. 식당은 1983년에 폐업했고, 2012년 4월에 자장면박물관으로 환골탈태하여 현재에 이르고 있다. 공화춘의 전신은 현재 공화춘 자리가 아닌 다른 곳에서 산둥성 출신의 위시광(于希光 Yú Xīguāng)이 개업한 숙식업소 산둥회관(山东会馆)으로, 1912년 중화민국 수립을 기념하여 공화춘(共和春, 공화국 원년의 봄)으로 개명했다. 공화춘은 1983년에 폐업한 이후 한국인이 인근에 공화춘 이름을 달고 새로운 점포를 열었다. CJ가 상표권을 구매하여 독자 사업을 구상하다가 GS25에 상표 사용권을 넘겼다.

공화춘(共和春)

3) 종가요리의 종류

루차이는 전통적으로 세 유파로 나뉘지만 단순하게 지역적·문화적 요인만 고려하여 인위적으로 분류한 것은 아니다. 지역적 특산물과 그 지역 고유의 요리법과 요리문화가 결합해 점진적으로 지역적 특성화를 이룬 결과다. 따라서 산둥요리의 세 유파도 지역 고유의 특징과 맛을 간직하고 있다.

① 지난(济南 Jǐnán)요리

지난요리는 리샤(历下 Lìxià)요리라고도 하며 산둥성 성도인 지난을 대표하는 요리다. 칭탕(清汤 qīngtāng)과 농탕(浓汤 nóngtāng) 등 탕요리로 유명한데, 칭탕은 색이 투명하듯 맑고 농탕은 흰 색깔에 국물이 아주 진하다. 지난요리에서 탕요리는 아주 오래전부터 탕을 즐겨 먹었던 지역적 전통과 관계있을 것이다. 특히 춘추시대 제나라의 요리사 가운데 역아(易牙)는 탕을 잘 끓이기로 유명했는데, 제환공의 환심을 사려고 자기 아들을 끓여서 만든 탕을 대접했다는 이야기*가 당시 문헌에 보인다.

산둥 지역에서 각종 농산물이 많이 나는 만큼 내륙을 대표하는 지난요리 또한 재료 선택 범위가 넓고 품종도 다양하다. 센 불에서 빨리 조리하는 바오(爆 bào)로 요리를 많이 하지만 사오(烧), 자(炸), 차오(炒)도 많이 사용하여 비교적 산뜻하고 개운하며 향기롭고 순수한 맛을 중시한다. 탕추황허리위(糖醋黄河鲤鱼 tángcù huánghé lǐyú), 주좐다창(九转大肠 jiǔzhuǎn dàcháng), 간란샤런(干烂虾仁 gānlàn xiārén), 바쯔러우(把子肉 bǎziròu) 등이 대표적인 지난요리다.

바쯔러우(把子肉)

---

* 아들을 삶은 역아(易牙) : 춘추시대 요리사였던 역아는 젊은 시절 제나라 환공(桓公)의 환심을 사려고 못하는 일이 없었다. 환공이 "인육은 못 먹어봤다"라고 농담하자 환공에게 아부하려고 자신의 세 살짜리 아들로 요리를 만들어 바쳤다. 환공은 절대 충성을 바치는 역아에게 감격했으나 관중(管仲)은 역아의 성품을 꿰뚫어보았다. 관중은 "자기 아이를 죽인 자가 더한 짓도 못하겠느냐"고 경계했고 그의 예측은 적중했다. 관중이 유언까지 하면서 환공에게 역아를 경계하라고 했지만 역아는 결국 환공을 혼군으로 타락시키고 냉방에서 굶어 죽게 만들었다. 나중에 역아는 송나라로 망명했는데 그 뒤 행적은 전하지 않는다.

① 탕추황허리위(糖醋黄河鲤鱼 tángcù huánghé lǐyú)

탕추황허리위(糖醋黄河鲤鱼)

탕추황허리위는 달콤새콤한 탕추 소스를 얹은 황허의 잉어 요리라는 뜻이다. 파, 마늘, 당근 등을 잘게 썰어서 기름에 볶고 설탕, 식초, 녹말가루 등을 넣어 걸쭉하고 새콤한 맛이 나는 탕추 소스를 만들어 기름에 튀긴 황허의 잉어에 얹어서 먹는데, 산둥요리 가운데 최고로 꼽힌다. 산둥 지역은 황허를 끼고 있어 예로부터 잉어를 비롯한 생선 요리가 발달했다. 특히 지난의 후이취안러우(汇泉楼 Huìquánlóu)라는 식당은 탕추황허리위 요리를 잘하기로 소문이 났는데, 황허의 잉어를 연못에 길러 손님이 직접 고르게 한 다음 바로 잡아서 상에 올렸다고 한다.

후이취안러우(汇泉楼)

② 주좐다창(九转大肠 Jiǔzhuǎn dàcháng)

주좐다창은 일종의 돼지대창찜이다. 청나라 때 지난에 두(杜)씨라는 거상이 있었다. 이 상인은 아홉 구(九)자를 좋아하여 가게를 아홉 곳 운영했을 뿐만 아니라 가게 이름에도 아홉 구자를 붙였다. 그중 지난 동쪽 골목에 있는 주화러우(九华楼 Jiǔhuálóu)의 스페셜 메뉴가 돼지대창찜이었다. 그 맛에 반한 한 문장가가 "이토록 아름다운 음식에 어울리는 좋은 이름"이라며 지어준 이름이 '주좐다창'이다. 도교(道教)에서는 아홉 번의 절차(九转)를 거쳐 신선이 되는 선약을 만들므로 선약을 주좐셴단(九转仙丹 jiǔzhuǎn xiāndān)이라고 한다. 붉은색 대창찜이 부드럽고 전혀 느끼하지 않으며 맛 또한 좋아서 선약과 같아 이런 이름을 붙였다고 한다. 9자를 좋아한 두씨는 더없이 기뻐했고, 그로부터 대창찜은 '주좐다창'이라는 이름으로 널리 퍼져나갔다.

주좐다창(九转大肠)

② 자오둥(胶东 Jiāodōng)요리

자오둥요리는 지금의 옌타이시 푸산(福山 Fúshān) 지역에서 기원해서 푸산요리 또는 옌타이요리라고도 한다. 푸산 지역은 예부터 궁정요리사를 배출한 요리의 고향이라 불렸는데 "맛있는 밥을 먹으려면 푸산에서 찾아라"라는 속담이 있을 정도였다. 자오둥 지역은 해안선을 끼고 있어 각종 해산물 요리가 주를 이루며, 해산물의 맛을 최대한 보존하여 요리한다는 점이 특징이다. 자오둥요리는 해산물의 원래 맛을 보존하기 위해 조리 방법이 간단하고 조미료를 최대한 줄여 참기름, 소금, 간장, 식초 정도만 사용한다. 해삼을 잘게 다져 만든 러우모하이선(肉末海参 ròumò hǎishēn)과 전복을 푹 삶아낸 파위안커바오위(扒原壳鲍鱼 páyuánké bàoyú)가 대표적 요리다.

🧑‍🍳 러우모하이선(肉末海参 ròumò hǎishēn)

러우모하이선은 다진 돼지고기(肉末)와 해삼(海参)을 합친 말로, 다진 돼지고기의 향기와 해삼의 신선한 맛을 함께 느낄 수 있는 것이 특징이다. 해삼, 돼지고지, 브로콜리 등이 주재료다.

러우모하이선(肉末海参)

🧑‍🍳 파위안커바오위(扒原壳鲍鱼 páyuánké bàoyú)

파위안커바오위는 껍데기를 벗긴 전복요리다. 전복을 껍데기에서 떼어 삶은 다음 다시 원래의 껍데기에 담아내는데, 외형이 아름다울 뿐 아니라 영양 또한 풍부하여 오랫동안 대중의 사랑을 받아왔다. 특히 전복은 영양과 맛으로 오래전부터 사랑을 받아왔는데, 『한서(汉书)』 「왕망전(王莽传)」에 따르면 한(汉)나라 권력을 찬탈했던 왕망(王莽)이 거사가 실패로 끝날 무렵 근심에 빠져 식사를 거르고 술만 마셨는데 이때 오직 전복만은 술안주로 먹었다는 고사가 전해진다.

파위안커바오위(扒原壳鲍鱼)

③ 쿵푸(孔府 Kǒngfǔ)요리

쿵푸요리는 원래 공자가 태어난 취푸(曲阜 Qūfù)의 공자 가문을 중심으로 형성된 유교식 음식을 통칭한다. 취푸라는 지리적 위치도 있지만 공자와 유교의 문화적 배경이 작용하여 요리법이 약간 복잡하고 음식문화의 예절을 강조하는 점에서 다른 두 유파와 확연히 구별된다.

한대 이후 유교가 국가 지배이념이 되면서 역대 황제들이 공자를 지극히 존숭하여 취푸를 찾아가 공자에게 제사를 지냈다. 특히 만주족이 건국한 청나라의 황제들은 한족을 동화하려고 쿵푸를 자주 방문했는데, 건륭제는 재위 중 일곱 차례나 방문했다고 한다. 황제를 비롯한 수많은 귀족이 찾아와 의식을 치렀으므로 언제나 풍성한 음식과 까다로운 절차가 뒤따랐다. 규모가 가장 큰 정찬에는 총 196

가지 요리가 나오고 반드시 은테를 두른 자기를 사용했다고 한다. 이러한 과정에서 쿵푸는 자연스럽게 중국음식의 본고장이 되었으며, 쿵푸자주(孔府家酒 Kǒngfǔ Jiājiǔ)로 대표되는 술 또한 최고 수준이었다. 바셴궈하이나오뤄한(八仙过海闹罗汉 bāxiān guòhǎi nào luóhàn), 이핀서우타오(一品寿桃 yīpǐn shòutáo), 선셴야쯔(神仙鸭子 shénxiān yāzi)가 대표적인 음식이다.

쿵푸자주(孔府家酒)

🥢 바셴궈하이나오뤄한(八仙过海闹罗汉 bāxiān guòhǎi nào luóhàn)

상어지느러미, 해삼, 전복, 어골(鱼骨), 새우, 부레, 아스파라거스, 훈제고기 등 8가지 재료와 닭고기로 요리한 쿵푸의 대표 고급요리다. '바셴궈하이나오뤄한(八仙过海闹罗汉)'이라는 이름을 글자 그대로 해석하면 팔선, 즉 '신선 8명(八仙)이 바다를 건너며(过海) 소란을 일으켜(闹) 나한(罗汉)을 성가시게 하다'이다. 여기서 바셴은 8가지 재료이며 뤄한은 닭고기를 말한다.

바셴궈하이나오뤄한(八仙过海闹罗汉)

사실 '바셴궈하이'는 신선 8명이 각지에서 모여 서왕모(西王母)의 복숭아 연회에 참가했듯이 전국에서 사람들이 쿵푸에 모여 잔치를 즐기는 일을 비유한 것이기도 하다. '나오(闹)'는 신선 8명이 시끄럽게 (闹) 소란을 피운 것만큼 쿵푸(孔府)가 사람들로 시끌벅적하다는 것을 표현한 말이다. '뤄한(罗汉)'은 부처님의 제자라는 의미로 사건을 중재한 관음보살을 뜻하기도 하고, 청나라 때 발행된 엽전 나한전이라는 의미도 있다. 즉 '바셴궈하이나오 뤄한'은 팔선을 상징하는 8가지 재료를 원 모양으로 빙 두르고 가운데에 나한을 뜻하는 닭고기를 놓는데, 요리 모양이 나한전 같아서 붙여진 이름이다.

② 이핀서우타오(一品寿桃 yīpǐn shòutáo)

'이핀서우타오'는 글자 그대로 '장수'를 뜻하는 '수(寿)'자가 새겨진 복숭아 모양의 대추 빵으로 쿵푸에서 연성공(衍圣公)*의 생신을 맞이해 장수를 기원하는 뜻에서 만든 음식이다. 복숭아는 중국인들 사이에 장수를 상징하는데, 수명을 관장하는 '마고(麻姑)' 선녀가 늙은이에게 복숭아를 건네 수명을 연장해 준다는 '마고헌수(麻姑献寿)**'라는 고사에서 비롯했다.

이핀서우타오(一品寿桃)

4) 종가요리의 특징

특정 지역의 음식은 그 지역민과 상호관계 속에서 형성되므로 음식과 지역민 사이에는 공통점이 많다.

① 익숙한 양념, 파와 마늘

'루차이'라고 하면 짠맛을 내는 소금과 파와 마늘이 가장 먼저 떠오른다. 산둥 사람들은 파와 마늘이 없으면 밥을 먹지 않는다고 할 정도인데, 특히 날것으로

---

* 연성공 : 중국의 작위명으로 공자의 적손(嫡孙)이 대대로 세습하는 작위다.

** 마고헌수(麻姑献寿) : 민간에서 마고선녀는 아름다움과 장수의 상징으로 여겨진다. 『신선전(神仙传)』에 마고가 고여산(姑馀山), 현재의 산둥성 라이저우시)에서 도를 닦다가 동한 때 왕방평(王方平)의 부름에 응하여 채경(蔡经)의 집에 왔는데, 이때 '저번에 뵙고서 동해가 세 번이나 뽕밭으로 변했습니다'라고 했다. 이로부터 마고는 장수의 상징이 되었다.

먹기를 좋아한다. 중국어에 "동쪽은 맵고 서쪽은 시고 남쪽은 달고 북쪽은 짜다 (东辣西酸南甜北咸 dōnglà xīsuān nántián běixián)"라는 말이 있다. 여기서 '북쪽은 짜다'라는 의미가 바로 북방요리를 대표하는 산둥 지역의 소금과 파와 마늘이 만들어내는 짜고 매운맛을 뜻한다. 파와 마늘은 주로 음식을 먹을 때 작은 접시에 담아 생으로 먹는데, 생강이나 부추 등도 매운맛을 내려고 종종 곁들인다.

산둥 음식문화의 또 다른 특징은 잡식으로, 어떤 생물이든 식재료가 된다. 전갈, 메뚜기, 콩벌레, 번데기, 누에, 지네, 불가사리, 개불 등 각종 진기한 곤충과 해산물은 이미 오래전부터 겁 없는 산둥인의 시행착오에 따라 식자재로 개발되어 현재까지도 이어지고 있다.

차오젠융(炒茧蛹)

매운 것을 날로 먹고 잡식하는 산둥인의 식습관은 북방의 춥고 건조한 자연환경을 극복하는 데 반드시 필요했고, 이러한 자연환경과 식습관이 강인한 의지, 용감하고 호방한 성격의 '산둥하오한'을 만들어냈다.

② 고유의 맛과 형태를 살려라

루차이는 오랫동안 이어온 궁중요리의 위상과 쿵푸의 엄격한 음식문화로 음식의 미적 외관을 상당히 중요시한다. 그럼에도 맛에 대한 큰 원칙을 잃지 않았는데, 바로 원자재 고유의 맛을 살려 여운이 깊게 했기 때문이다. 이는 특히 해산물을 주재료로 하는 자오둥요리에서 더욱 두드러진다. 물론 조미료를 다양하게 사용하지만 고유의 맛을 더 내려고 적은 양만 쓸 뿐 절대로 조미료에 맛이 가공되거나 변질되지 않게 한다. 원자재 본래 맛뿐만 아니라 고유 형태를 유지하는 것 역시 루차이의 또 다른 특징이다. 산둥 연해에서 생선탕이나 회를 먹어본 사람은 마치 살아 있는 생선이 상에 올라온 듯한 느낌을 받았을 것이다.

옌쥐카오샤(盐焗烤虾)

원재료 고유의 맛과 형태를 중시하는 루차이의 특징은 거짓과 꾸밈이 없고 순수하며 솔직한 산둥 사람들의 성격과 비슷하다. 중국인들끼리 가장 친구로 삼고 싶어 하는 이들이 산둥 사람이라고 하는데, 그 이유는 바로 산둥인의 꾸밈없고 솔직담백한 모습 때문일 것이다.

첸다오후다위터우(千岛湖大鱼头)

③ 종가집의 큰 그릇

산둥 지역의 음식문화를 논할 때 '큰 대(大)자'를 빼놓을 수 없다. 산둥 사람들은 본래 친구를 좋아하고, 융성하게 접대하는 것을 예의이자 기쁨으로 생각한다. 이러한 문화는 산둥에서 태동한 유교문화와 밀접한 관련이 있다. 유교의 성경이라 할 수 있는 『논어』를 보면, 첫 구절부터 "친구가 먼 곳에서 오니 기쁘지 아니한가?(有朋自远方来, 不亦乐乎?)"로 시작하는 등 친구를 대하는 방법, 좋은 친구와 나쁜 친구의 기준 등 친구와 관련된 내용이 상당히 많다.

이처럼 친구를 소중히 여기는 이유는 공자가 가장 중요시한 덕목인 인(仁)과 관련이 있기 때문이다. 추상적인 의미의 인은 구체적으로 '서(恕)'인데, '서'가 바로 남을 나와 같이 대하는 것이다. 따라서 친구를 중시하고 대접하는 것은 유교에서 가장 중요하게 여기는 인을 실천하는 것이라고 할 수 있다. 이런 문화적 뿌리가 있는 산둥 사람들이 손님을 위해 큰 접시와 큰 그릇으로 밥을 차리고 큰 잔에 넘치도록 술을 따르지 않으면 실례로 여기는 것은 어쩌면 당연한지도 모른다.

산둥 사람들의 인정 넘치고 호방한 성격은 유교문화와 이에서 비롯한 음식문화와 맥을 같이한다. 산둥의 양산(梁山)* 지역을 무대로 호방한 사나이들의 의로운 행적을 담은 『수호지』는 이러한 문화를 상징하는 대표 작품이기도 하다.

---

* 양산(梁山) : 수호지 배경인 양산박(梁山泊)은 산둥성 지닝시(济宁市) 량산현(梁山县)에 있는 습지다. 경내에 양산이 있다.

④ 종가집의 까다로운 식사 예절

산둥 사람에게서는 솔직하고 호방한 성격과 상반될 정도로 보수적이고 규율을 중시하는 면 또한 쉽게 찾아볼 수 있다. 이 역시 유교문화의 소산인데, 다른 사람과 자기 자신이라는 대상이 다를 뿐 모두 최선의 삶을 살기 위한 외적 표현이다. 즉 다른 사람을 위해서는 자기와 같은 존재로 여겨 아낌없이 베풀라고 가르치고, 자기 자신을 위해서는 항상 반성하고 엄격히 다스리며 예의에 어긋나지 않도록 잘 수양하라고 요구한다. "예의가 아니면 움직이지 말라(非礼不动)"라는 말에 잘 나타나듯이, 모든 행위를 예에 맞추어 행하라고 강조했는데, 특히 먹는 행위에서는 더 엄격했다. 각종 용기(容器)에서부터 조리 방법, 취식에 이르기까지 당시 문헌에서 번거로웠던 예의절차를 쉽게 찾아볼 수 있다. 신분과 상황에 따라 술잔을 달리했는가 하면 조리할 때 칼질을 잘 못하거나 간이 적절하지 않은 음식은 먹지 않을 정도였다. 손님이나 연장자와 함께 식사할 때 수저를 절대로 먼저 들지 않으며, 부녀자들과 겸상하지 않는 것 등은 우리나라의 옛날 식사풍경이기도 한데, 바로 산둥의 옛 음식문화에서 전래한 것이다.

읽을
거리

베이징요리

베이징카오야(北京烤鸭)   쏸양러우(涮羊肉)   징장러우쓰(京酱肉丝)

천년고도 베이징은 칭기즈칸의 손자 쿠빌라이칸이 원나라(1271~1368)의 세조로 즉위하면서 처음 수도가 되었다. 이후 명나라 초기와 중화민국시기에 수도 지위를 잠시 난징에 넘기기는 했어도 거의 1,000년 가까이 중국의 수도였다. 따라서 그 나름의 요리가 없을 수 없다. 일각에서는 전통 8대 요리에 베이징과 상하이 요리를 더해서 10대 요리로 분류하기도 한다.

청나라 초기부터 궁정에서는 산둥성 출신 요리사들을 고용했으므로 베이징요리에는 궁정요리와 산둥요리의 특징이 적절히 배합되어 있다. 이뿐만 아니라 각종 요리법이 발달했지만, 우리나라 사람들에게 가장 잘 알려진 요리로는 베이징카오야(北京烤鸭 Běijīng kǎoyā), 쏸양러우(涮羊肉 shuànyángròu), 징장러우쓰(京酱肉丝 jīngjiàng ròusī) 등이 있다.

베이징카오야는 역사가 300여 년이나 되었다. 특히 취안쥐더(全聚德 Quánjùdé)는 세계적으로 유명한 오리구이 전문점이며 한국에도 분점이 있다. 베이징카오야는 껍질은 바삭바삭하지만 고기는 부드럽고, 기름기가 많지만 느끼하지는 않다. 보통 밀가루로 만든 전병에 얇게 저민 오리고기와 껍질을 놓고 파를 곁들여 쌈을 싸서 톈몐장(甜面酱 tiánmiànjiàng)에 찍어 먹는다.

취안쥐더(全聚德)

톈몐장(甜面酱)과 카오야

진링펜피야(金陵片皮鸭)

카오야는 원래 난징에서 유행했던 음식이다. 원나라를 몰아내고 한족 정권을 세운 명 태조 주원장은 난징에 도읍했다. 당시 주원장은 난징식 오리구이인 진링펜피야(金陵片皮鸭 jīnlíng piànpíyā)를 무척 좋아했다. 주원장의 넷째 아들 주체(朱棣)가 조카를 몰아내는 쿠데타를 감행하여 영락제(永乐帝)에 즉위하면서 베이징으로 천도했다. 이때 영락제는 수도만 옮긴 것이 아니라 난징의 유명한 오리구이 전문가들을 데리고 왔다. 가정(嘉靖) 연간(1522~1566)에 베이징 민간에서 처음으로 볜이팡(便宜坊 biànyífāng)이 영업을 시작했을 때도 난징식 오리구이였고 그 이름 또한 '진링펜피야'였다. 1864년 취안쥐더가 정식으로 영업을 시작하면서 '베이징카오야'가 '난징카오야'를 대체했다. 그리고 난징카오야를 대표하던 진링펜피야는 홍콩, 선전, 광저우 등 남방의 몇몇 대도시 메뉴판에서만 볼 수 있는 추억의 메뉴가 되었다.

칭둔양러우(清炖羊肉)

솬양러우는 양고기와 채소의 맛을 담백하게 즐길 수 있는 베이징 전통 샤부샤부다. 우리나라 신선로 비슷한 냄비에 물을 끓인 후 얇게 썬 양고기와 채소 등을 넣어 익혀 먹는다. 원나라 세조 쿠빌라이칸이 즐기던 칭둔양러우(清炖羊肉 qīngdùn yángròu)에서 비롯되었다는 것이 정설이다. 칭둔양러우는 양고기를 맹물에 푹 삶아서 먹는 요리다. 쿠빌라이칸이 남송과 전투를 치를 때, 칭둔양러우를 먹고 싶었지만 조리할 시간이 부족했던 요리사가 임시방편으로 만든 것이 바로 솬양러우, 즉 양고기 샤부샤부다.

냄비 아래에 숯을 넣어 물이 끓으면 얇게 저민 각종 고기와 채소, 국수 등을 익혀 소스에 찍어먹는다. 먼저 신선한 양고기나 소고기 등 육류를 익혀 먹은 후 해산물, 채소의 순서로 먹는 것이 좋다. 고기를 먼저 먹어야 탕이 육수가 되어 채소를 더욱 맛있게 먹을 수 있기 때문이다.

이외에도 징장러우쓰는 누구나 간편하게 요리해서 먹을 수 있는 음식이다. 무채처럼 가늘게 썬 돼지고기를 자장 소스에 볶아낸 다음 파채와 함께 두부피에 싸서 먹는다. 징장러우쓰에 얼궈터우주(二锅头酒) 한 잔으로 세상의 행복을 느낄 수 있으리라.

2 광둥의 웨차이(粤菜 Yuècài) : 중국음식의 국가대표

1) 광둥요리 웨차이의 탄생 배경

사계절 따뜻한 날씨, 곳곳에 자리 잡은 푸른 산과 유유히 흐르는 주장 (珠江 Zhūjiāng)강, 넉넉하게 내리는 빗속에서 만들어진 기름진 땅과 풍부한 온갖 물산. 이곳이 바로 하늘이 내린 자연환경을 간직한 광둥 지역이

다. 광둥의 성도(省都)는 남중국해 연안을 끼고 주장 삼각주 지대 중심에 있는 광저우(广州 Guǎngzhōu)다. 북동쪽으로는 푸젠(福建 Fújiàn), 북쪽으로는 장시(江西 Jiāngxī)와 후난(湖南 Húnán), 서쪽으로는 광시좡족자치구(广西壮族自治区 Guǎngxī zhuàngzú zìzhìqū), 남쪽으로는 홍콩, 마카오와 이웃해 있다. 이러한 자연환경과 지리적 위치로 광둥 지역은 중국 어느 지역보다 물산이 풍부하고 다양한 문화가 유입되는 지역적 특성을 갖추었다.

한(汉)나라 이전부터 광둥 지역은 베트남의 조상격인 월족(越族)과 교류하면서 자신들만의 독자문화를 형성했다. 그래서 광둥 지역을 지칭하는 글자인 웨(粤 Yuè)는 월족(越族) 또는 월족(粤族)의 땅이라는 의미에서 파생되었고, 이는 곧 광둥 지역 음식인 웨차이에 중원 한족의 음식문화뿐 아니라 남방 월족의 음식문화가 섞여 있음을 뜻한다. 즉 웨차이는 오래전부터 문화적 다양성을 바탕으로 형성된 음식이다.

근대시기 아편전쟁으로 서구 세력과 충돌하면서 홍콩, 마카오를 거쳐 들어온 서구식 음식문화는 웨차이에 또 다른 새로운 특성을 덧입혔다. 그 결과 웨차이와 이질적인 서양 음식문화의 조합은 웨차이가 서양으로 전파되기에 유리한 조건으로 작용했다. 특히 웨차이는 홍콩 지역

에서 동남아 지역의 요리, 서양 요리의 장점을 흡수하여 더욱 발전했다. 그리고 화교 네트워크를 통해 전 세계로 전파되어 세계 어느 나라 사람의 입맛에도 맞는, 중국음식의 국가대표로 불리게 되었다.

2) 웨차이 맛의 특징과 지역적 구분

1,500여 년 전 쓰인 『회남자(淮南子)』에는 웨차이에 사용되는 식재료의 다양함과 요리법의 특이함이 기록되어 있다. 이는 오래전부터 중국인 스스로 웨차이의 특수성을 인지했다는 뜻이다.

웨차이는 지역에 따라 차오저우차이(潮州菜 Cháozhōu cài), 광저우차이(广州菜 Guǎngzhōu cài), 커자차이(客家菜 Kèjiā cài)로 나뉜다. 이들 웨차이는 공통적으로 "담백하면서도 싱겁지 않고(清而不淡), 신선하면서도 평범하지 않으며(鮮而不俗), 부드러우면서도 날것은 아니고(嫩而不生), 기름지면서도 느끼하지 않다(油而不膩)". 그리고 요리의 색깔, 향기, 맛, 형태를 중시한다는 관념을 공유한다. 웨차이는 지역에 따라 다음과 같이 정리할 수 있다.

> **🍴 남송 황제의 피난과 푼초이(盆菜)**
>
> 몽골의 침입으로 위기에 몰린 남송의 황제는 광둥 지역까지 피난을 가며 몹시 지치고 배가 고팠다. 먹을 것을 찾던 중, 황제가 왔다는 소식을 들은 광둥 사람들은 갑자기 대접할 것이 없자 자신의 집에 있는 제일 좋은 음식을 들고 나왔다고 한다. 그리고 그 음식들을 커다란 그릇에 쌓아 올려 황제에게 올린 것이 바로 푼초이라는 음식의 유래이다. 푼초이는 커다란 그릇에 각종 고기, 해산물, 채소 등을 층층이 쌓아올린 음식으로 홍콩 지역에서는 제사나 명절에 이 음식을 나누어 먹는다. 현재 푼초이는 홍콩 지역의 문화재로 등록되어 있으며, 시중에서도 쉽게 사먹을 수 있다.

① 차오저우차이(潮州菜 Cháozhōu cài)

차오저우차이는 광둥의 차오저우(潮州)와 산터우(汕头 Shàntóu) 지역에서 발원했기에 차오저우차이라고 하며, 홍콩에서는 따링(打冷)이라고도 불리는 요리다. 차오저우차이는 주로 해산물을 섬세한 칼솜씨로 다듬어서 요리로 완성해낸다. 차오저우차이는 옛날 중원에서 들어온 한족문화의 기반 위에 푸젠차이인 민차이

빙전홍셰(冰镇红蟹)

(闽菜 Mǐncài)와도 공통된 특성이 있어 웨차이와 푸젠차이가 하나의 커다란 영역으로 묶이기도 한다.

② 광저우차이(广州菜 Guǎngzhōu cài)

광저우차이는 웨차이의 대표 요리로 주장강 삼각주 지역과 자오칭(肇庆 Zhàoqìng), 사오관(韶关 Sháoguān), 잔장(湛江 Zhànjiāng) 일대 음식을 말한다. 풍부한 식재료를 바탕으로 담백한 맛을 구현하는 광저우차이에는 생강, 파, 마늘, 고춧가루 같은 자극적인 양념은 들어 있지 않다. 세계 곳곳에 있는 화교들이 대부분 광저우차이를 먹는 지역 출신이다 보니 서구에서는 광저우차이를 광둥요리의 대표이자 중국요리의 대표로 인식한다.

바이체지(白切鸡)

미즈챠샤오(蜜汁叉烧)

③ 커자차이(客家菜 Kèjiā cài)

커자차이는 광둥의 후이저우(惠州 Huìzhōu), 허위안(河源 Héyuán), 메이저우(梅州 Méizhōu) 지역을 중심으로 하는 요리다. '커자'는 '손님'이라는 뜻으로, 중원

에서 난리를 피해 광둥 지역으로 들어온 한족을 본래 광둥 지역에 거주하던 사람들이 부르던 명칭이다. 따라서 커자차이에는 오래전 중원에서 전해진 한족의 전통적인 음식문화와 광둥의 지역적 특성이 결합되어 있다.

메이차이커우러우(梅菜扣肉)

오늘날 커자차이는 육류 위주의 식재료를 사용하고 해산물은 거의 쓰지 않으며, 불의 세기와 조리 시간을 조정하여 요리의 맛을 낸다.

3) 웨차이의 대표 음식

① 웨차이 베스트 쓰리! - 개고기, 참새찜, 뱀탕

날개 달린 것은 비행기, 다리 달린 것은 의자만 빼고 다 먹는다는 중국 국가대표 요리 웨차이 가운데 베스트 쓰리는 무엇일까? 여러 요리를 들 수 있으나 그 가운데 삶은 개고기, 참새찜, 뱀탕을 '광둥의 세 보배(广东三宝)'라고 하며 웨차이의 으뜸으로 친다.

삶은 개고기를 광둥 지역에서는 삼육탕(三六汤)이라고도 한다. 숫자 3에 6을 더하면 9가 되고 9(九)의 발음이 개고기를 뜻하는 구(狗)와 유사하기 때문이다. 중국에서 개고기를 먹은 시기는 주(周)나라로 거슬러 올라간다. 주나라 궁중요리 가운데 간료(肝膋)가 개의 간으로 만든 음식을 뜻한다. 이후 개고기는 중국 전역에서 보편적으로 즐겨 먹는 요리는 아니었지만 광둥 지역 웨차이에는 개고기가 별식으로 전래되어 왔다. 그중 레이저우(雷州 Léizhōu) 지역에서는 개고기를 백숙처럼 삶은 뒤 잘게 찢은 바이체거우러우(白切狗肉 báiqiē gǒuròu)를 즐기고 커자차이 가운데에는 개고기에 계피, 생강 등을 넣고 오래 끓인 음식인 우샹거우러우바오(五香狗肉煲 wǔxiāng gǒuròu bāo)가 대표적이다.

바이체거우러우(白切狗肉)

우샹거우러우바오(五香狗肉煲)

참새찜, 쥐췌(焗雀 júquè)요리는 늦가을에서 초겨울 사이에 잡은 참새인 허화췌(禾花雀 héhuāquè)라는 참새를 재료로 하여 만든 음식이다. 이 요리는 1990년대까지는 광둥의 포산(佛山 Fóshān) 지역에서 열리는 '참새요리 축제'에서 지역 특산음식으로 해마다 선보였으나 지금은 참새가 보호야생동물

쥐췌(焗雀)

쑤자허화췌(酥炸禾花雀)

로 지정되어 음식점에서 주문할 수 없게 되었다. 웨차이에서 참새 요리는 쑤자허화췌(酥炸禾花雀 sūzhá héhuāquè) 같은 튀김요리로도 만들어진다.

광둥 지역에는 오래전부터 뱀을 별식으로 즐기는 음식문화가 있었다. 그래서 지금도 광둥에는 뱀 전문 음식점인 사찬관(蛇餐馆)이 여러 곳 있으며 그 가운데 서왕만(蛇王满)이라는 음식점이 가장 유명하다. 서왕만은 19세기 말 오만(吴满)이라는 사람이 문을 열었는데 오만은 매일 뱀 한 마리를 먹는 습관이 있었으므로 90여 세까지 건강하게 살았다고 한다. 이처럼 웨차이의 뱀요리는 보양음식으로 인식되어 있다. 웨차이 뱀요리 가운데 바전후이서경(八珍烩蛇羹 bāzhēn huì shé gēng)이 대표적인데, 신선한 뱀고기와 여러 가지 버섯, 진피, 해삼, 생강 등을 넣어 끓인 수프 형태다. 싼서룽후펑다후이(三蛇龙虎凤大会 sānshé lóng hǔ fèng dàhuì)는 세 종류의 독사로 만든 수프에 고양이와 닭을 넣어서 푹 익힌 음식을 말한다.

바전후이서경(八珍烩蛇羹)

싼서룽후펑다후이(三蛇龙虎凤大会)

읽을 거리

수상한 식재료들 : 고양이 아니면 사향삵

발이 달린 것은 의자 빼고 다 먹는다는 웨차이에서는 일반 요리에서 사용하기 꺼리는 식재료들을 곧잘 다룬다. 그 가운데 뱀과 줄머리사향 삵을 함께 삶는 '룽후더우(龙虎斗 lónghǔdòu)'라는 요리가 있는데 여기에서 용은 뱀을 뜻하고 호랑이는 고양이와 유사한 줄머리사향삵을 지칭한다. 그런데 줄머리사향삵이 워낙 구하기 힘들어 이를 고양이로 대체하여 삶아 조리하는 경우가 다반사라고 한다.

이 요리를 하려고 고양이나 사향삵을 잡을 때 먼저 60도 정도 되는 독한 술을 억지로 먹여서 완전히 취해 축 늘어지게 만든 다음 잡는다고 한다. 실제로 웨차이의 식재료를 파는 곳에는 껍질 벗긴 고양이 고기가 진열되어 있다.

요리에 사용하려는 고양이

룽후더우에 사용되는 줄머리사향삵은 광둥 지역에서 발원한 '사스'의 전염원으로 알려져 지금은 식재료로 거의 사용하지 않는다고 한다.

룽후더우(龙虎斗)

② 차오저우 웨차이의 밑국물 - 루수이(卤水 lǔshuǐ)

루수이는 차오저우 지역에서 사용하는 일종의 요리용 밑국 물이다. 간장, 술, 설탕, 팔각, 감초, 계피 등을 넣고 짭짤하게 끓여내는데 집집마다 다른 루수이로 조리하기도 한다.

루수이에 각종 육류나 생선 등을 넣어 조리한 요리가 특히 유명한데 그중 루수이어(卤水鹅 lǔshuǐ é)는 루수이를 밑국물 로 하여 거위고기를 조려낸 음식이다.

루수이어(卤水鹅)

③ 봄을 둘둘 말아놓은 요리 - 춘빙(春饼 chūnbǐng)

청나라 이전부터 차오저우 길거리에서는 얇은 전병에 튀긴 새우를 말아놓은 간단한 요리를 팔았는데 이것이 춘빙의 시초 다. 이후 튀긴 새우뿐 아니라 짭짤한 무 조각 또는 돼지고기 육포 다진 것을 넣으면서 지금의 차오저우 춘빙이 되었다. 춘 빙은 톈장(甜酱 tiánjiàng)이라는 달달한 소스에 찍어 먹는 샤 오츠(小吃 xiǎochī)로 딤섬 메뉴에 들어가기도 한다.

춘빙(春饼)

홍사오루거(红烧乳鸽)

④ 비둘기 한 마리가 닭 열 마리보다 낫다는 홍사오루거
(红烧乳鸽 hóngshāo rǔgē)

광저우 지역에서는 "비둘기 한 마리가 닭 열 마리보다 낫다"라는 말이 전해지는데 이는 웨차이에서 비둘기요리의 맛과 효능을 닭요리보다 높이 평가한다는 뜻이기도 하다. 웨차이에서 사용하는 비둘기는 우리나라에서 흔히 보는 비둘기가 아니라 식용으로 기른 것이다. 비둘기 같은 가금류요리는 일반적으로 머리 부분을 함께 조리해서 식탁에 올린다.

카오루주(烤乳猪)

⑤ 껍질이 바삭한 새끼돼지 통구이 카오루주
(烤乳猪 kǎo rǔzhū)

카오루주는 광저우 지역의 특산음식일 뿐 아니라 만한취안시에도 오르는 요리다. 일찍이 서주(西周)시기부터 이 요리는 '포돈(炮豚)'이라는 이름으로 있었다. 남북조(南北朝)시기에 쓰인 『제민요술』에서는 이 요리에 대해 "새끼돼지의 겉껍질이 호박색, 금색이 나야 한다"라고 했다. 중국인들이 붉으면서 황금빛이 도는 카오루주의 색깔을 길상(吉祥)의 상징으로 여기기에 경사스러운 잔치에는 이 요리가 반드시 상에 오른다.

> ### 🍴 마시는 물이 아니라 손 씻는 물!
> 웨차이 가운데 새우찜 요리인 바이줘샤(白灼虾 báizhuó xiā)를 먹을 때 레몬을 띄운 엷은 갈색의 물이 같이 나온다. 이 물은 마시는 물도 아니고 새우를 찍어 먹는 소스도 아니다. 바로 새우껍질을 깐 뒤 손을 씻는 물이니까 절대로 마시지 말 것!
>
>

돼지족발을 먹으면 시험에 합격해요!

옛날 광둥 지역 바이윈산(白云山)의 어떤 스님이 돼지족발을 몰래 삶았다고 한다. 그런데 하필 주지스님이 들어오는 바람에 삶아낸 돼지족발을 한구석에 숨겨두게 되었고 나중에 먹으려고 보았더니 갓 삶았을 때보다 오히려 식은 뒤 더 맛있었다고 한다. 바로 여기서 바이윈주서우(白云猪手 báiyún zhūshǒu)라는 찬물에 식혀서 만들어낸 웨차이의 돼지족발 요리가 탄생하게 되었다.

그런데 돼지족발요리는 시험을 앞둔 수험생들이 즐겨먹는 요리이기도 하다. 당나라 때 시험에 급제하면 자기 이름과 급제한 시문을 붉은 글씨로 다옌타(大雁塔 Dàyàntǎ, 대안탑)에 붙여놓는 습속이 있었는데 이를 주티(朱题 zhūtí)라고 했다. 그리고 주티가 돼지족발을 의미하는 주티(猪蹄 zhūtí)와 발음이 같아서 돼지족발이 합격을 상징하는 요리가 되었다고 한다.

바이윈주서우(白云猪手)

다옌타(大雁塔)

⑥ 야들야들하고 신선한 들쥐고기 톈수간(田鼠干 tiánshǔ gān)

톈수(田鼠), 즉 들쥐고기요리는 커자차이(客家菜)의 일종이다. 겨울철에 들쥐를 잡아서 껍질과 털을 벗긴 뒤 간과 심장만 남긴 채 내장 등을 제거한다. 그리고 쌀겨를 이용하여 들쥐고기를 노란색이 되도록 훈연하면 육포처럼 되어 오래 보관할 수 있다. 톈수간을 요리할 때는 먼저 쥐고기 육포를 물에 불린 뒤 돼지고기와 곁들여 조리하는데, '쥐고기 육포가 돼지고기 값'이라는 말이 있을 정도로 톈수간은 야들야들하고 신선한 식감으로 유명하다.

톈수간(田鼠干)

광저우에서 가장 오래된 딤섬집 타오타오쥐(陶陶居 Táotáojū)

타오타오쥐는 광서(光绪) 6년(1880)에 개업한 광저우에서 가장 오래된 딤섬집이다. 이곳은 낮에는 차루(茶楼)로 딤섬을 팔지만 밤에는 웨차이 전문식당이 된다. "아무 걱정도 근심도 없이 유유히 즐긴다(无思无虑, 其乐陶陶)"는 유백륜(刘伯伦)의 『주덕송(酒德颂)』에서 '타오타오(陶陶)' 두 글자를 따왔다. 가게 현판은 캉유웨이(康有为, 1858~1927)가 썼다. 타오타오쥐는 처음 만들어졌을 당시 어린 승려 여러 명을 고용하여 바이윈산(白云山) 주룽취안(九龙泉)에서 직접 차 달이는 물을 길어오게 했다고 한다.

타오타오쥐는 건물의 제일 윗부분을 육각형으로 만든 전형적인 광동 지역 건축양식을 따랐으며 내부에는 유명인의 글귀를 걸어두었다.

타오타오쥐 건물 외관과 내부 장식   타오타오쥐의 음식

4) 웨차이의 이웃 푸젠차이(福建菜 Fújiàn cài)

중국의 8대 요리 중 하나로 거론되는 푸젠차이는 웨차이 가운데 차오저우(潮州)요리와 유사하다. 그래서 푸젠차이는 웨차이와 공통점이 있지만 푸젠 지역이 바다와 가까워 해산물을 풍부하게 사용한다는 점에서는 다르다. 푸젠 지역에는 예전에 민(闽 Mǐn)이라는 나라가 있었는데 바로 이 이름을 따서 푸젠요리를 민차이라고도 한다.

푸젠차이는 달고 신맛이 특징이다. 푸젠 지역은 겨울에도 봄처럼 춥지도 덥지도 않아서 탕요리를 만들어 먹기에 적합하다. 그 결과 전체 푸젠차이의 40%가 해산물을 이용한 탕요리라고 한다. 푸젠차이 가운데 대표적인 요리를 소개한다.

① 스님도 못 참고 담을 뛰어넘어 맛본다는 포탸오창(佛跳墙 fótiàoqiáng)

포탸오창은 청나라 때 만들어진 요리로 죽순, 해삼, 전복, 상어 지느러미, 상어 입술, 고려인삼, 돼지 내장, 말린 조개, 비둘기 알, 닭가슴살, 돼지 발굽의 힘줄 등 30여 가지 재료를 토기에 담아 사오싱주(绍兴酒)를 넣고 밀봉한 뒤 끓인 대표적 보양식이다. 전해오는 이야기에 따르면, 푸젠성 성도인 푸저우(福州 Fúzhōu)에 주연(周莲)이라는 관리가 있었는데, 그가 어떤 부잣집에 초대받아 큰 항아리에 여러 가지 재료를 넣고 조리한 음식을 대접받았다고 한다. 그 음식 맛에 매료된 주연은 포정사(布政司) 소속 요리사인 정춘발(郑春发)에게 그 조리법을 배워오도록 했고, 이후 정

포탸오창(佛跳墙)

춘발은 이 요리를 더욱 발전시켜 1865년에는 관청을 그만두고 음식점을 열었다고 한다. 당시만 해도 이 요리 이름은 복수전(福寿全)이었는데, 이 음식을 접한 한 손님이 "그릇 뚜껑을 열자 향긋한 냄새가 사방으로 퍼지니 냄새를 맡은 스님이 참선도 포기하고 담을 뛰어넘었다"라는 시를 읊으면서 '포탸오창'으로 불리기 시작했다고 한다.

읽을 거리

무더위에는 왕라오지!

왕라오지(王老吉 Wánglǎojí)는 무더운 날씨에 더위를 먹지 않게 하는 효능을 지닌 광저우 지역 냉차다. 이 냉차는 청나라 도광(道光) 연간에 왕라오지라는 사람이 처음 만들었다고 전해진다. 또 린쩌쉬(林则徐)가 아편을 몰수하여 태울 때 과로와 더위 때문에 병이 나자 왕라오지가 자신이 만든 냉차를 먹여 회복시켰다고도 한다. 지금도 왕라오지는 여름철 음료로 판매되며 광저우 지역에 본점이 있다.

왕라오지(王老吉)

만일 왕라오지를 가게에서 찾을 수 없다면 왕라오지의 유사품인 냉차 자둬바오(加多宝 jiāduōbǎo)로 대체할 수 있다. 몇 년 전 자둬바오와 왕라오지는 특유의 빨간색 캔 포장 권리를 두고 재판이 붙었다. 그리고 재판 결과 왕라오지와 자둬바오 모두 빨간색 캔 포장을 공유할 수 있다는 것으로 결정되었다고 한다.

자둬바오(加多宝)

② 천하절색 서시의 혓바닥이라는 시스서(西施舌 xīshīshé)

절세미인 서시의 혓바닥이라는 뜻의 '시스서'는 명주개량조개를 재료로 요리한 푸젠차이다. 춘추전국시대에 월왕(越王) 구천(勾践)이 서시를 이용한 미인계로 오(吳)나라를 멸망시켰는데, 전쟁이 끝난 뒤 서시의 운명에 대해서는 밝혀진 것이 없다. 일설에 따르면, 월왕

차오시스서(炒西施舌)

의 왕비가 서시를 돌에 매달아 바다에 던져버렸다고 한다. 그 후 바닷가에 사람의 혀를 닮은 조개가 나타났고, 사람들은 이 조개를 바다에 던져진 서시의 혓바닥이라고 부르게 되었다고 한다. 푸젠차이에서는 시스서에 버섯, 죽순 따위를 넣고 끓이다가 돼지기름에 볶아낸 차오시스서(炒西施舌 chǎo Xīshī shé)요리로 즐겨 먹는다.

③ 건륭제가 즐긴 제비집 수프 - 탕옌워(糖燕窝 táng yànwō)

탕옌워(糖燕窝)

옌워(燕窝)

제비집은 중국 남쪽바다 주변의 산과 절벽에 사는 바다제비의 일종인 금사연(金丝燕)이 자신이 잡아먹은 물고기의 살이나 뼈를 침샘에서 나오는 분비물과 섞어서 만들어놓은 둥지를 말한다. 바로 이 둥지가 푸젠차이의 재료인데, 청의 건륭제(乾隆帝)는 제비집을 넣어 달콤하게 끓인 수프를 아침마다 먹었기에 장수했다고 전해진다. 제비집이 들어간 요리는 재료 자체의 희소성 때문에 무척 귀하게 여겨진다. 제비집을 물에 불려서 오래도록 탕 형태로 끓여 수프로 만들어내는데, 식재료가 특이하고 귀한데다 보양식이라서 만한취안시에도 오른다.

5) 낮이 너무 길어서 생긴 음식 딤섬(点心)과 얌차(饮茶)

해가 일찍 뜨고 늦게 지는 광둥 지역에서 사는 사람들은 아침에 일어나면 가족이나 친지끼리 차관(茶馆), 차루(茶楼)에 모여 주전자에 담긴 따뜻한 차와 두세 종류의 간단한 음식을 먹는다. 이러한 아침식사는 '아침에 차를 마신다'는 뜻으로 짜오차(早茶 zǎochá)라고 한다. 그런데 광둥 사람들은 때로는 아침을 먹은 후에도 계속 차와 가벼운 음식을 먹으며 길고 긴 낮 시간을 차관, 차루에서 보낸다. 즉 낮이 너무 길어서 생긴, 먹고 마시는 독특한 광둥 스타일 문화를 광둥어로 딤섬(点心)과 얌차(饮茶)라고 한다. 정확히 말하면 딤섬은 '차관이나 차루에서 먹는 음식'이고 얌차는 '그러한 음식을 먹는 행위'다.

딤섬은 정식요리가 아니라 출출할 때 요기할 정도의 음식이다. 본래 딤섬은 동진(东晋)시기에 어떤 장군이 전쟁에서 공훈을 세운 병사들을 치하하려고 민간에서 가장 맛있다고 이름난 떡과 간식을 보낸 일에서 유래했다고 한다. 장군은 병사들에게 떡과 간식을 보내면서 이것이 자신의 '마음 한 점밖에 안 되는 아주 작은 성의(点点心意)'라고 했다고 한다. 그 뒤 딤섬은 '간단하지만 맛있는 먹거리'를 지칭하게 되었다고 한다.

얌차는 본래 '차를 마신다'는 뜻이지만 광둥 지역에서는 단순히 차를 마시는 행위를 의미하지 않는다. 얌차는 '탄차(叹茶)'라고도 하는데 이는 차의 맛을 오래도록 음미하며 즐기는 것을 말한다. 즉 긴 낮 동안 향기로운 차를 향유하며 서로 이야기를 나누는 광둥 지역의 음식문화는 광둥 사람들의 사회활동이기도 했다.

대표적 딤섬으로는 다음과 같은 것이 있다.

① 피단서우러우저우(皮蛋瘦肉粥 pídàn shòuròu zhōu)

광둥 지역에서 아침에 흔히 먹는 죽으로, 삭힌 오리알이나 계란, 기름기 없는 돼지고기를 넣어 끓인다.

② 차사오바오(叉烧包 chāshāo bāo)

돼지고기를 조려서 만든 차사오(叉烧, 차슈)가 소로 들어 있는 만두다. 하가우(새우만두), 사오마이, 타르타와 함께 가장 보편적인 광둥식 딤섬이다.

③ 샤자오(虾饺 xiājiǎo, 새우만두)

새우만두인 샤자오(虾饺)는 국내에 광둥식 발음인 하가우로도 널리 알려져 있다. 일곱 주름이 잡힌 투명한 만두피 안에 새우로 만든 소가 들어 있다.

④ 사오마이(烧卖 shāomài)

밀가루 반죽에 다진 돼지고기를 넣고 꽃 모양으로 쪄낸 음식이다. 사오마이에 대한 최초의 기록은 고려시대 중국어 교과서인 『박통사(朴事通)』에도 있다. 이 책에서는 원나라 대도(大都)에서 '소산함초맥(素酸馅稍麦)'이라는 음식을 파는 장면을 묘사했는데, 초맥(稍麦)이 바로 사오마이를 뜻한다. 따라서 본래 북방 지역 음식이었으나 광둥 지역으로 전해져 딤섬의 한 종류가 된 것으로 본다.

읽을거리

단타(蛋挞 dàntà)는 포르투갈 음식

딤섬에서도 흔히 나올 뿐 아니라 길거리 음식이기도 한 단타는 원래 포르투갈 음식이었다. 포르투갈 사람들이 마카오에 들어오면서 이 지역에서는 포르투갈 사람들이 즐겨 먹는 에그 타르트가 유행하게 되었다. 이후 에그 타르트는 '단타(蛋挞)'라는 중국 이름으로 마카오 지역 명물 음식이자 딤섬에서도 자주 나오는 품목이 되었다. 참고로 리스본 제로니모 수도원 앞에 원조 에그 타르트집이 있

다. 계란흰자는 제로니모 수도원 수사들의 옷을 다리는 데 사용했고, 남는 노른자를 재활용하면서 에그 타르트가 탄생했다는 이야기도 전한다.

🍴 광저우 최고의 과자가게- 렌샹러우
(莲香楼 Liánxiānglóu)

렌샹러우는 1889년에 개업한 광저우에서 제일 오래된 과자가게이다. 이곳에서는 월병을 포함한 각종 광둥식 과자를 팔며 특히 연밥을 넣어서 만든 과자가 유명하다.

🫖 ③ 쓰촨의 촨차이(川菜 Chuāncài) :
기분 좋은 매운맛과 향신료

흔히 쓰촨(四川 Sìchuān)요리라 불리는 촨차이는 우리나라뿐 아니라 전 세계적으로 잘 알려진 중국요리 갈래 가운데 하나다. 중국 서부에 위치한 쓰촨은 바다가 먼 내륙 지방으로 안개가 짙고 비가 자주 내리며 습도가 높은 곳이다. 이러한 악천후를 이겨내기 위하여 쓰촨 지역에서는 향신료를 많이 쓰고 자극적일 정도로 매운 요리가 발달했다.

1) 하천이 네 개 흐르는 풍요로운 땅

쓰촨성 행정중심지는 청두(成都)로, 중국의 서남 지역에 위치한다. 쓰촨은 고원과 거대한 분지로 구성되어 사방이 높은 산으로 둘러싸여 있고 그 안에 드넓은 평야가 펼쳐져 있다. 동쪽으로는 직할시인 충칭(重庆 Chóngqìng)이 있고, 서쪽으로는 시짱(西藏 Xīzàng, 티베트)이 있다. 쓰촨은 약자로는 '촨(川 Chuān, 천)' 또는 '수(蜀 Shǔ, 촉)'로 칭한다. 춘추전국시대에 촉(蜀)나라였던 이 지역을 현대에도 고풍스럽게 '수(蜀 Shǔ)'라고 부르는 것이다. 창장(长江 Chángjiāng)강 상류에 위치한 쓰촨 지역은 창장강 외에도 민장(岷江 Mínjiāng)강, 타장(沱江 Tuójiāng)강, 자링장(嘉陵江 Jiālíngjiāng)강 등의 하천이 흘러서 땅이 기름지고 자원이 풍부하다. 따라서 '땅이 비옥하고 온갖 산물이 많이 나는 나라'라는 뜻의 '천부지국(天府之国)'이라는 별칭으로도 불린다.

주자이거우(九寨沟)

황룽(黄龙)

쓰촨은 지형적 특징으로 아름다운 자연환경으로도 잘 알려져 있다. 그중에서도 주자이거우(九寨沟 Jiǔzhàigōu)와 황룽(黄龙 Huánglóng) 풍경구를 손꼽을 수 있다. 9개 짱(藏)족 마을로 구성되었다는 뜻을 간직한 이곳은 동화세계와 같은 원시자연과 깊은 산림 속의 100여 개에 이르는 호수의 신비로운 색이 경이로움을 자아낸다. 중국의 4대 불교 명산지 가운데 하나인 어메이산(峨眉山 Éméishān), 세계에서 가장 크다는 석각 대불(大佛)이 있는 러산(乐山 Lèshān), 천사도교의 종산으로 사계절 늘 푸르다는 뜻의 칭청산(青城山 Qīngchéngshān) 등도 쓰촨의 아름다움을 더해준다. 이러한 환경에서 역사적인 인물도 많이 탄생했다. 북송시대를 대표하는 문학가 소식(苏轼) 삼부자를 비롯하여 21세기 중국을 강국으로 이끈 덩샤오핑(邓小平 Dèng Xiǎopíng) 등이 바로 쓰촨 출신이다.

당나라 현종은 안녹산의 난을 피해 천혜의 땅인 쓰촨으로 피난 왔다. 중국 최고 시인 이백(李白)은 『촉도난(蜀道难)』이라는 시에서 "쓰촨으로 가는 길이 푸른 하늘에 오르는 것보다 더 힘들다(蜀道之难，难于上青天)"라고 노래했다. 이렇듯 '중국' 안의 또 다른 '중국'인 촉나라 쓰촨은 이제 서부 지역을 대표하며 경제적으로도 날로 성장하고 있다.

어메이산(峨眉山)

러산대불(乐山大佛)

고대와 현대의 조화, 청두(成都)

쓰촨요리는 지금 세계 어느 도시를 가도 맛볼 수 있는 대중적 요리다. 만일 쓰촨의 중심 청두에 갔다면 고풍스러운 건물에 각종 수공예품과 고급 음식점 등이 줄을 잇고 있는 콴자이샹쯔(宽窄巷子 Kuānzhǎi xiàngzi)에 가볼 것을 권한다. 콴샹쯔(宽巷子 Kuānxiàngzi),

콴자이샹쯔(宽窄巷子)

자이샹쯔(窄巷子 Zhǎixiàngzi), 징샹쯔(井巷子 Jǐngxiàngzi) 세 골목으로 나뉘어 있는 그곳에서 청두 사람들과 어깨를 부비며 훠궈를 제대로 맛볼 수 있다. 맵다고만 알려진 훠궈의 매운맛도 여러 단계여서 그야말로 현지 사람들이 먹는 진짜 매운맛이 어떤 건지 알 수 있다.

청두시에는 들러볼 만한 곳이 많다. 두푸차오탕(杜甫草堂 DùFǔ cǎotáng, 두보초당)도 그중 하나다. 두푸차오탕은 정우성과 중국 여배우 가오위안위안(高圆圆 Gāo Yuányuán)이 열연한 영화 「하오위스제(好雨时节 hǎoyǔ shíjié, 호우시절)」의 촬영지로도 잘 알려져 있다.

두푸차오탕(杜甫草堂)

우허우츠(武侯祠)

중국 악기 구정(古筝 gǔzhēng, 쟁)의 선율이 곳곳에서 나지막이 울리는 이곳에서 두보(杜甫)는 240수 정도의 시를 지었다. 청두의 또 다른 명승지 우허우츠(武侯祠 Wǔhóucí, 무후사)는 유비(刘备)와 제갈량(诸葛亮)의 제사를 모시는 사당으로 모두 하늘 높이 솟은 대나무가 붉은 담길을 덮어 운치를 더한다.

2) 갖가지 매운맛을 즐길 수 있는 안개 도시

쓰촨요리는 창장강 상류인 쓰촨 전역과 충칭 지역 일대에서 발달한 요리의 총칭이다. 쓰촨요리는 얼얼할 정도로(麻 má) 맵고(辣 là) 신선하며(鲜 xiān) 향기로운(香 xiāng) 특색이 있다. 산과 강에서 나오는 신선한 재료들은 물론 온갖 가축(家畜)과 생물이 모두 요리의 주요 재료라고 해도 지나친 말이 아니다. 쓰촨분지는 바다로부터는 멀지만 사계절이 뚜렷한 곡창지대로 1년 내내 농산물이 풍부해서 채소나 곡물, 육류를 이용한 요리가 일찍부터 발달했다. 또 내륙 깊이 있다 보니 식품 저장법을 잘 연구해 소금으로 절이거나 말려서 보관하는 보

자차이(榨菜)

존식품이 발달했다. 특히 맛이 특이해서 중국 음식점의 기본 밑반찬으로 사용하는 자차이(榨菜 zhàcài)*가 유명하다.

촨차이는 매운맛으로 알려졌지만 쓰촨요리는 다양해서 맵고 달고 짜고 시큼한 모든 맛이 있다고 쓰촨 사람들은 말한다. 그리고 쓰촨요리를 매운맛(辣子味 làzi wèi), 짭조름하고 매콤한 맛(鱼香味 yúxiāng wèi), 얼얼하게 매운맛(麻辣味 málà wèi), 시고 매운맛(酸辣味 suānlà wèi), 맵고 얼얼한 맛(椒麻味 jiāomá wèi), 향긋하면서 매운맛(陈皮味 chénpí wèi), 특이한 맛(怪味 guài wèi)으로 분류한다. 그러나 외국인에게도 익숙하고 비교적 향토 색채가 짙은 촨차이는 여전히 매운맛이 특징이다.

① 마라(麻辣 málà) : 얼얼하게 매운맛

마라뉴러우쓰(麻辣牛肉丝)

마라위딩(麻辣鱼丁)

얼얼하게 매운 마라 맛은 쓰촨요리의 매운맛을 대표한다. 산초나 산초가루, 건고추·파·생강·마늘·더우반장·설탕·식초·간장·조미용술·화학조미료 등 다양한 향신료와 식재료를 적당한 양으로 섞어서 만든다. 산초와 고추는 요리에 따라 원형 그대로 또는 가루로 만들어 기름에 볶아 사용한다. 마라 맛은 사실상 산초가 좌우하는데 맛을 진하게 내려고 한다면 산초를 기름에 튀겨 향을 더욱 강하게 하면 된다.

한국의 매운맛과는 다른 독특한 맛을 내는 마라장(麻辣酱 málàjiàng)은 윤택한 붉은색에 신선한 마라향을 띠는데, 닭·오리·돼지·소·양 등의 육류나 채소·두부로 만드는 요리에 응용된다. 대표적인 요리로는 마포더우푸(麻婆豆腐 mápó dòufu), 마라위딩(麻辣鱼丁 málà yúdīng), 마라뉴러우쓰(麻辣牛肉丝 málà niúròusī), 마라지펜(麻辣鸡片 málà jīpiàn), 훠궈(火锅 huǒguō), 마라탕(麻辣烫 málàtàng) 등이 있다.

---

* 자차이(榨菜) : 갓(芥菜 jiècài)의 뿌리를 고춧가루로 버무려 담근 김치의 일종으로 중국 특유의 식품이다. 우리나라에서 김치를 담글 때는 대개 갓의 잎을 넣지만, 중국의 자차이는 뿌리를 사용한다. 자차이는 1898년 쓰촨의 푸링(涪陵 Fúlíng) 지역에서 처음 만들어져 당시에는 '푸링 자차이(涪陵榨菜)'라고 했다. 가공할 때 압착법으로 수분을 짜내므로 '짜다'는 뜻의 '榨'자를 붙여 '자차이(榨菜)'라고 부르게 되었다. 지금은 쓰촨뿐 아니라 상하이, 저장, 장쑤, 후난 등 중국의 여러 지역과 타이완 등에서도 생산된다.

훠궈(火锅)

마라탕(麻辣烫)

❶ 맛을 중화(中和)하는 마라의 천적들

'마라'는 다양한 향신료와 식재료로 만들어진 매운맛으로, '산초를 입에 넣었을 때처럼 톡톡 쏘는 아린 맛'이 있다. 이런 아린 맛을 가라앉혀주는 마라의 천적으로는 먼저 쓴맛 오이인 여주(苦瓜 kǔguā)를 꼽는다. 여주는 냉채로 무치거나 살짝 볶거나 국물로 만들어 먹는다. 옥수수죽을 한 그릇 먹어도 아린 맛을 가시게 하고 소화를 도와주어 좋다. 충칭식 훠궈를 먹을 때는 소스에 식초를 조금 넣으면 덜 맵게 느껴진다.

여주(苦瓜) / 여주볶음요리 쑤차오쿠과(素炒苦瓜)

시원한 매실차와 우롱차 또한 촨차이와 매우 잘 어울리는 음료다. 매실차의 새콤한 맛은 매운맛을 중화하거나 줄여준다. 우롱차는 느끼한 맛을 제거하고 소화를 촉진한다. 촨차이를 먹은 뒤 국화차를 마시면 열을 식히는 데 도움이 된다. 딸기, 키위, 오렌지 등 비타민 C가 풍부한 과일도 아린 맛을 약화한다.

❷ 마포더우푸(麻婆豆腐 mápó dòufu)

'마포(麻婆)'는 '곰보할머니', '더우푸(豆腐)'는 '두부'라는 의미로, 즉 '곰보할머니의 두부'라는 뜻이다. 마라의 특징을 잘 나타내는 쓰촨의 전통요리 중 하나다. 주요 재료는 두부, 소고기(혹은 돼지고기), 고추, 산초다. 얼얼한 맛은 산초 때문이고 매운맛은 고추 때문이다. 마포더우푸는 청나라 동치(同治) 원년 (1862), 청두 북문 완푸차오(万福桥 Wànfúqiáo)다리 인근에 개업한 천싱성판푸(陈兴盛饭铺, 진흥성밥집)에서 처음으로 개발한 두부요리다. 식당 주인 천춘푸(陈春富 Chén Chūnfù, 혹은 천썬푸 陈森富 Chén Sēnfù)가 일찍 죽자

마포더우푸(麻婆豆腐)

그 부인이 식당을 운영했는데, 여주인의 얼굴이 곰보였기 때문에 사람들은 '천 마포(陈麻婆, 진씨 곰보할머니)'라고 불렀다. 진씨 곰보할머니가 만든 두부요리는 색과 맛이 독특해서 사람들에게 인기가 있었다. 그래서 사람들은 그녀가 만든 두부요리를 '진씨 곰보할머니 두부(陈麻婆豆腐 Chén mápó dòufu)'라고 했고, 그녀의 음식점을 '진씨 곰보할머니 두부집(陈麻婆豆腐店 Chén mápó dòufu diàn)'이라고 불렀다.

마포더우푸가 널리 인기를 얻자 만드는 방법도 다양해졌다. 곰보할머니가 요리에 넣는 돼지고기를 소고기로 바꿔서 돼지고기를 먹지 않던 사람들에게까지 인기를 얻었고, 이 요리법은 전국 각지의 요리사와 식객들에게 널리 인기를 얻게 되었다. 그리고 더우반장을 첨가하는 방법으로까지 발전했다.

마포더우푸를 만드는 방법은 요리하는 사람에 따라 다르다. 첨가하는 고기는 소고기나 돼지고기를 가리지 않지만, 기름은 식용유를 사용한다. 대체로 먼저 고기를 볶은 후 더우반장·청국·붉은 고춧가루·기름·설탕을 넣고 볶아서 향을 낸다. 그다음에 두부와 육수를 넣고 끓이다가 파·마늘·생강을 넣고 끓인 뒤 녹말을 풀어 걸쭉하게 농도를 맞추고 산초가루와 참기름을 둘러 마무리한다. 얼얼하면서도 매콤하고 뜨끈뜨끈하면서도 짭짤한 맛이 우리 입맛에도 잘 맞는다.

❸ 훠궈(火锅 huǒguō)와 마라탕(麻辣烫 málàtàng)

흔히 중국식 샤부샤부라고 부르는 훠궈는 마라로 맛을 낸 국물에 각종 채소와 생선 및 고기류 등의 신선한 재료를 살짝 익혀 먹는 대표적인 음식이다. 쓰촨훠궈(四川火锅) 또는 충칭훠궈(重庆火锅)라고도 부르는 훠궈탕은 붉은색의 홍탕(红汤)을 가장 많이 사용하고, 다음으로 맑게 끓여낸 백탕(白汤)을 사용한다. 홍탕과 백탕 두 가지를 맛볼 수 있도록 가운데 칸막이가 있는 태극 모양의 커다란 용기는 '위안양(鸳鸯 yuānyāng)훠궈'라고 부른다. 홍탕은 마라와 다양한 향료를 넣어 오래 끓여서 붉은색을 띠고, 백탕은 닭·오리·돼지뼈·돼지고기·파·생강·술 등을 끓여서 만든 탕으로, 단독으로 사용하기도 하고 홍탕과 배합해서 사용하기도 한다.

위안양궈(鸳鸯锅)

마라탕은 채소나 생선이나 고기 등 원하는 재료를 넣어서 끓인 매운탕이라고 보면 된다. 쓰촨의 러산(乐山 Lèshān) 지역 길거리 음식에서 시작되었다. 전국적으로 널리 알려지면서 쓰촨 이외 지역에서는 간편식 훠궈를 마라탕이라고도 한다.

② 위샹(魚香 yúxiāng) : 짭짤하고 매콤한 맛

위샹은 쓰촨 사람들이 주로 민물생선을 요리할 때 비린내를 없애려고 사용하는 소스의 일종이다. 먼저 고추기름·파·마늘·생강을 넣고 볶다가 더우반장과 식초·간장·설탕·조미술 등을 넣고 전분을 섞어 만든다. 검붉은 빛이 나며 약간 매콤하면서도 달콤하고, 짭짤하면서도 신맛이 약간 나는 위샹소스는 촨차이만의 독특한 맛 가운데 하나다. 위샹소스는 생선을 사용하지 않지만 다양한 향신료와 어우러져 신선한 생선의 맛을 낸다. 위샹소스를 넣은 요리 중 위샹러우쓰(鱼香肉丝 yúxiāng ròusī), 위샹체쯔(鱼香茄子 yúxiāng qiézi) 등은 우리에게도 익숙하다.

위샹러우쓰(鱼香肉丝)

위샹체쯔(鱼香茄子)

위샹러우쓰는 실처럼 가늘게 썬 돼지고기를 주요 재료로 하고, 위샹체쯔는 굵직하게 썬 가지를 전분과 육수로 걸쭉하게 마무리하는 요리다.

③ 쏸라(酸辣 suānlà) : 새콤하고 매콤한 맛

새콤하고 매콤한 쏸라 맛을 내는 요리에는 두 가지가 있다. 하나는 튀김요리이고, 다른 하나는 물과 전분을 넣어 끓인 요리다. 소스는 쓰촨 더우반장에 파·마늘·생강을 넣고 볶다가 식초·간장·설탕·조미술·고추기름 등을 넣고 섞어서 만든다. 쏸라 소스를 사용해서 만드는 요리로는 튀김요리인 쏸라위펜(酸辣鱼片 suānlà yúpiàn)과 쏸라유위쥐안(酸辣鱿鱼卷 suānlà yóuyújuǎn)이 있고, 물과 전분을 넣어 걸쭉하게 만든 요리로는 쏸라탕(酸辣汤 suānlà tāng)이 우리에게 익숙하다.

쏸라위펜(酸辣鱼片)

쏸라탕(酸辣烫)

읽을거리

매운 음식을 즐겨 먹는 또 다른 사람들, 후난성 샹차이(湘菜 Xiāngcài)

쓰촨 사람들이 매운맛을 좋아하지만 창장강 주변의 다른 지역 사람들도 매운 음식을 즐긴다. 중국 속담에 "후난(湖南 Húnán) 사람은 매운 걸 두려워하지 않고, 구이저우(贵州 Guìzhōu) 사람은 매운 것도 두려워하지 않고, 쓰촨 사람은 맵지 않을까 두려워한다(湖南人不怕辣，贵州人辣不怕，四川人怕不辣)"라는 말이 있다. 이는 쓰촨을 비롯하여 구이저우성과 후난성 지역이 모두 지형이 험준하고 강우량이 많을 뿐 아니라 습도가 높아 여름에는 무덥고 겨울에는 추워 예부터 이 지역 사람들이 몸 안에 쌓인 습기를 배출하기 위해 매운 음식을 즐겨 먹은 데서 비롯했다.

둬자오위터우(剁椒鱼头)

후난 지역의 요리도 8대 요리 중 하나로 샹차이(湘菜 Xiāngcài) 혹은 후난차이(湖南菜 Húnán cài)라고 한다. 이는 샹장(湘江 Xiāngjiāng)강과 둥팅후(洞庭湖 Dòngtínghú) 지역, 산악지대인 샹시(湘西) 지역의 요리를 총칭하는 말이다. 샹차이의 경우 이 지역이 창장강과 둥팅후를 끼고 있어 민물고기 요리가 매우 다채롭다. 후난 사람들은 매운 음식을 즐기지만 새콤매콤한 음식을 더욱 중시하며 습도가 높기 때문에 소금에 절여 말리는 염장식품도 다양하게 즐긴다.

라자오차오러우(辣椒炒肉)

3) 화끈한 매운맛을 내는 재료들

인간은 역사적으로 배를 불리는 데만 만족하지 않고 많이 노력하면서 새로운 음식을 만들어왔다. 따라서 각 나라와 지방의 음식은 비교적 복잡한 문화적 요소를 함축하고 있다. 사회가 발달할수록 음식문화는 풍부해지지만, 중국요리는 색과 맛과 향을 무엇보다 중요시한다고 해도 지나친 말이 아니다. 중국인은 음식에 풍미를 더하거나 맵고 향기로운 맛을 더해 식욕을 촉진하는 향신료(香辛料)를 잘 활용한다.

향신료는 향료(香料)와 신료(辛料)의 합성어로 음식의 비린내나 재료 특유의 잡냄새를 없애준다. 음식의 맛을 높이려고 넣는 파·마늘·생강·고추·소금·후추 등이 바로 향신료이자 우리가 흔히 말하는 양념이다. 쓰촨요리에는 산초(花椒 huājiāo), 고추(辣椒 làjiāo), 후추(胡椒 hújiāo), 더우반장(豆瓣酱 dòubànjiàng, 콩짜개 된장), 쓰촨소금(川盐 Chuānyán), 겨잣가루(芥末 jièmò), 천피(陈皮 chénpí, 말린 귤껍질), 청국(豆豉酱, dòuchǐjiàng) 등이 주요한 양념으로 쓰인다.

① 화자오(花椒 huājiāo, 산초)

쓰촨요리에서 향기를 높이기 위해 가장 흔히 사용하는 것이 산초다. 조림이나 찜에 많이 사용하는 산초는 중국어로 산자오(山椒 shānjiāo) 또는 화자오라고 한다. 산초는 '산초의 고향'으로 불리는 쓰촨에서 생산되는 '수자오(蜀椒 shǔjiāo)'나 산시(陕西 Shǎnxī)와 허베이(河北 Héběi) 일대에서 생산되는 '친자오(秦椒 qínjiāo)' 등과 같이 생산지에 따라 구분된다. 산초는 위장운동 조절, 항균, 살충과 통증 완화 등의 작용을 하는 것으로 알려져 있다.

산초는 열매껍질을 먹는데, 특유의 강한 냄새가 있으며 입에 넣으면 맵고 혀를 마비시키는 듯한 느낌이 오래 지속된다. 중국에서는 소고기나 양고기 등 육류를 삶을 때, 생선찜이나 생선튀김 요리를 할 때 비린내를 없애려고 사용한다. 자차이를 절이거나 김치를 담글 때도 풍미를 더하려고 넣으며, 두부나 콩·땅콩을 요리할 때도 산초를 첨가하면 더욱 신선한 맛을 낼 수 있다.

화자오(花椒)

특히 산초를 조미료로 쓸 때는 산초물(花椒水), 산초염(花椒盐), 산초기름(花椒油) 세 가지 방식으로 상용한다. 산초물은 산초를 물에 담갔다가 사용하는 것이 가장 좋으나 급할 때는 맑은 물에 약한 불로 삶아서 향이 우러나면 바로 사용할 수도 있다. 산초염은 산초와 소금을 2 대 1의 비율로 섞어서 접시에 놓고 식사 중 반찬에 맛을 더하고자 할 때 사용한다. 취향에 따라 참깨나 샤오후이샹(小茴香 xiǎohuíxiāng)을 첨가할 수도 있다. 산초기름은 만들기가 복잡해서 대부분 가공식품을 사용한다.

② 라자오(辣椒 làjiāo, 고추)

라자오(辣椒)

고추는 중국어로 라자오라고 하는데 매운맛을 좋아하는 쓰촨요리에 특히 많이 사용한다. 고추는 자극성이 강하나 소화를 도와 식욕을 촉진한다. 쓰촨요리에서는 주로 말린 고추, 고춧가루, 소금에 절인 고추 등을 사용한다. 말린 고추는 신선한 홍고추를 햇빛에 말린 것이다. 고춧가루는 직접 요리에 넣거나 고추기름을 만드는 데 사용한다. 식용유에 고춧가루를 넣고 가열하여 매운맛을 뽑아낸 고추기름은 중국어로 '라자오유(辣椒油 làjiāoyóu)'라고 하는데 간단히 '라유(辣油 làyóu)'라고도 한다. 소금에 절인 고추는 신선한 고추를 소금에 절이는 과정에서 유산균이 만들어져 독특한 향기와 맛을 낸다.

③ 후자오(胡椒 hújiāo, 후추)

후자오(胡椒)

후추는 매운맛 중에서도 향기가 강렬하며 맵고 뜨거운 성질이 식욕을 높이고 비린내를 잡아준다. 향료와 신료로 다양하게 사용하며, 물고기나 새우·게·육류 등의 독소를 없애준다. 후추에는 흰 후추(白胡椒)와 검은 후추(黑胡椒) 두 종류가 있다. 더 매운 검은 후추는 맛이 무겁고 강하며 위와 장을 따뜻하게 하는 효능이 뛰어나 육류나 해산물 요리에 흔히 쓴다. 흰 후추는 맛이 비교적 온화하고 부드러워서 위와 폐를 따뜻하게 해준다. 냉채요리나 생선요리, 채소를 무칠 때 사용하면 추위를 막고 냉기를 없애는 효능이 있다.

④ 천피(陈皮 chénpí, 진피)

천피는 말린 귤껍질을 말한다. 껍질이 얇고 크면서 색이 선명하고 향기가 진한 것이 품질이 좋다. 천피를 주재료로 한 쓰촨요리도 있다. 고기를 삶을 때 넣으면 잡내를 없애주고 귤 특유의 향이 나서 감칠맛이 돈다.

천피(陈皮)

⑤ 더우반장(豆瓣酱 dòubànjiàng, 콩짜개 된장)

우리나라에서는 더우반장을 흔히 '두반장'이라고 한다. 콩을 주원료로 발효해 만든 더우반장은 촨차이의 볶음요리, 튀김요리, 두부요리, 국수요리의 조미료로 골고루 활용한다. 더우반장은 대두와 누에콩을 섞어 발효시킨 것에 빨간 고추나 향신료를 섞어 만든다. 콩이나 향신료의 함량과 숙성 시간에 따라 매운 정도와 향미에 차이가 있다. 쓰촨요리에서는 주로 피셴더우반장(郫县豆瓣酱 Píxiàn dòubànjiàng)과 진거우더우반장(金钩豆瓣酱 Jīngōu dòubànjiàng)을 사용한다. 피셴더우반장은 신선한 고추와 누에콩, 조미료를 함께 발효시켜서 만드는데, 가정요리나 마라(麻辣 málà)의 맛을 내려고 하는 요리에 주로 사용한다. 진거우더우반장은 누에콩에 말린 새우와 향유를 넣어 발효시킨 것으로 소고기 요리 등에 주로 쓴다.

피셴더우반장(郫县豆瓣酱)

진거우더우반장(金钩豆瓣酱)

⑥ 더우츠장(豆豉酱 dòuchǐjiàng, 청국)

청국은 황대두를 물에 불려 푹 찐 뒤 생강가루·마늘가루·고춧가루·술 등을 넣어 펄펄 끓인 다음 발효시켜 만든다. 청국은 향기가 진하고 입자가 크지만 음식 특유의 신선한 맛을 높

더우츠장(豆豉酱)

여줘 생선요리, 육류요리, 훠궈 등에 조미료로 사용하거나 가정에서 직접 반찬으로 곁들여 먹는다.

중국요리는 이런 기본 조미료 이외에 다양한 장(醬)으로 소스를 만들어 맛을 낸다. 예를 들면, 톈몐장(甜面醬 tiánmiànjiàng), 제모장(芥末醬 jièmòjiàng, 겨자장), 마장(麻醬 májiàng, 참깨장) 등이 다양하게 쓰인다. 장이 다르면 요리의 맛도 이름도 달라진다. 그래서 중국에서는 장을 맛의 제왕이라고도 한다.

톈몐장(甜面醬)

제모장(芥末醬)

마장(麻醬)

읽을거리

쓰촨의 명주와 명차

쓰촨의 천혜 자연환경에서 생산되는 좋은 술과 차는 음식의 맛을 더욱 돋보이게 한다. 이를테면 중국 명주에 손꼽히는 여러 종류의 술이 쓰촨에서 만들어진다.

밀·쌀·옥수수·수수·찹쌀 다섯 가지 곡물을 발효시켜 만드는 '우량예(五粮液 Wǔliángyè)'는 쓰촨성 이빈(宜宾 Yíbīn)시에서 생산된다. 송나라 때 이 지역의 요(姚)씨 집안에서 '요자설곡(姚子雪曲 Yáozǐ Xuěqū)'이라는 이름으로 처음 만들다가 청나라 때 우량예로 이름을 바꿨다. '궈자오(国窖 Guójiào)1573', '수이징팡(水井坊 Shuǐjǐngfáng)' 등과 함께 중국 농향(浓香) 계열 바이주(白酒 báijiǔ)를 대표하는 술이다. 중국 전통 명주의 하나인 '젠난춘(剑南春 Jiànnánchūn)'은 쓰촨성 멘주(绵竹 Miánzhú)시에서 생산된다. 이 지역이 당나라 때 검남도(剑南道)에 속했기에 이런 이름이 붙었다. 당대 최고 시인 이백(李白)이 즐겨 마신 술이라 전해진다.

우량예(五粮液)

궈자오(国窖)

수이징팡(水井坊)

젠난춘(剑南春)

루저우(泸州 Lúzhōu)시에서는 '루저우라오자오(泸州老窖 Lúzhōu Lǎojiào)'와 '랑주(郎酒 Lángjiǔ)'라는 명주가 생산된다. 루저우는 사방이 험순한 산으로 둘러싸여 있는데 심산유곡에서 솟아나오는 샘물 맛이 좋아 랑취안(郎泉 Iángquán)이라고 이름 붙인 이 샘물로 술을 만들었다고 해서 랑주(郎酒)라고 한다.

또 루저우에는 1573년에 만들어진 오래된 술 발효터가 있었는데, 이 '루저우(泸州)의 오래된 발효터(老窖)'에서 만들어지는 술이라는 의미에서 루저우라오자오(泸州老窖)라는 이름이 붙었다. 이밖에도 청두시 북부에서 생산되는 '취안싱다취(全兴大曲 Quánxīng Dàqū)'도 명주이고 같은 회사에서 만들어지는 수이징팡(水井坊)은 한국인이 매우 좋아하는 바이주다.

루저우라오자오(泸州老窖)

랑주(郎酒)

쓰촨은 차(茶) 재배에도 좋은 자연환경을 가지고 있다. 차나무는 양분이 풍부하고 배수가 잘되며 주야간 온도차가 크고 연평균기온이 12.5℃ 내외이며 강우량이 연간 1,400밀리미터 이상인 곳에서 잘 자란다. 이런 환경을 갖춘 쓰촨에서는 중국의 10대 명차의 하나인 '멍딩차(蒙顶茶 Méngdǐng chá)'가 생산된다. 멍딩차는 청두시 서남쪽 충라이(邛崃 Qiónglái)시 인근에 위치한 '멍산(蒙) 정상(顶)'에서 생산되었다 하여 멍딩차(蒙顶茶)라고 하거나 '멍산'에서 생산되었다 하여 멍산차(蒙山茶)라고도 한다.

멍딩차(蒙顶茶)

차를 우려낸 물이 푸른빛에 연한 노란색을 띠면서 맑고 투명하며 진한 향기가 입안에서는 부드러우면서도 감로(甘露)처럼 달다고 하여 '멍딩간루(蒙顶甘露 Méngdǐng Gānlù)'라고도 한다. 멍산에서는 춘분에 찻잎이 막 나오기 시작할 때 따서 연한 노란빛에 녹색 빛을 띤 황차로 만들어 황제에게 진상하

멍딩황야(蒙顶黄芽)

던 '멍딩황야(蒙顶黄芽 Méngdǐng Huángyá)'가 유명하다. 그밖에도 어메이산(峨眉山 Éméishān) 일대에서는 녹차인 '어메이주예칭(峨眉竹叶青 Éméizhúyèqīng)'과 '어메이마오펑(峨眉毛峰 Éméi máofēng)'이 생산된다. 쓰촨에서는 봄에 채취한 난초와 녹차를 섞어 꽃차로 마시는 '주란화차(珠兰花茶 Zhūlán huāchá)'도 널리 알려져 있다.

🫖④ 강남요리 : 전통 교양인의 먹거리

중국에서 '강남(江南)'은 관념은 오래되었지만 범위는 다소 모호한 말이다. 대략 창장(长江 Chángjiāng) 하류 지역의 창장 남쪽을 가리킨다고 알려진 이 말은 지금의 행정구역에 따르면 상하이(上海 Shànghǎi)를 포함한 장쑤(江苏 Jiāngsū)성, 저장(浙江 Zhèjiāng)성 전역과 안후이(安徽 Ānhuī)성 동남부 지역까지 포함한다. 청나라 때는 이 모호한 범위를 나름대로 확정해서 강남성(江南省)이라는 행정구역을 두기도 했다. 청나라 때 강남성은 전국에서 경제적으로 가장 부유하고 문화적으로도 발전해서 청나라 전체 세금  수입의 3분의 1이 이곳에서 나왔고, 과거시험 합격자의 절반이 강남성 출신이었다.

강남은 경제적·문화적으로 풍요로울 뿐 아니라 아름답기까지 하다. 북방 출신인 당나라 때 시인 백거이(白居易)는 강남의 아름다움을 이렇게 노래했다. "강남, 좋구나. 그 풍경 눈에 선하다. 해 뜨면 강물에 비친 햇살은 불꽃보다 붉고, 봄이 오면 강물은 남색보다 푸르렀지. 어찌 강남이 그립지 않을까."

중국 강남의 오래된 이미지 둘을 꼽는다면 하나는 강남수향(江南水乡)이고 다른 하나는 재자가인(才子佳人)이다. 집들 사이로 흐르며 골목길 역할을 하던 운하와 그 위에 놓인 보행자를 위한 아치형 다리, 그 밑을 유유히 흘러가는 조각배. 조각배가 마을을 벗어나면 멀리 푸른 산이 보이고 백거이가 노래했던 햇살이 비치는 곳. 그곳에 재능 있는 남자와 아름다운 여자가 살았다. 전통 중국에서 남자에게 재능이 있다고 한다면 그것은 문무를 겸비했거나 둘 중 하나만 가진다면 문(文) 쪽 재능을 말하는 것일 터다. 그 아름답고 풍요로운 곳에서 그 남자와 그 여자가 먹었던 음식 이야기를 시작한다.

1) 강남문화의 형성

창장강 하류 지역은 춘추전국시대 초(楚), 오(吳), 월(越)나라 땅이었다. 당시 한족의 중심지는 북방의 황허강 유역이었으니 이곳은 상대적으로 변두리였던 셈이다. 전국시대를 통일한 진(秦)나라와 그 뒤를 이은 통일왕조 한나라도, 이후의 거대 통일왕조 당나라도 각각 수도는 달랐지만 모두 북방을 나라의 중심지로 삼았다. 그런데 중국 대륙에 한족만 살았던 것은 아니었고, 특히 황허강 유역보다 더 북쪽에는 다양한 민족이 살고 있었다. 그들은 자주 한족을 위협했고, 때로 한족을 압도했다. 물론 위진남북조 시기에도 그랬지만, 한족 역사상 가장 문약(文弱)했던 통일 왕조로 여겨지는 송나라 때도 황허강 유역의 주인이 자주 바뀌었다.

그중 지금 중국에서 '동북3성(东北三省)', 흔히 '만저우(满洲 Mǎnzhōu)'라고 불리는 곳에서 한족의 지배를 받던 여진족이 세운 금(金)나라는 송나라에 '정강의 굴욕(靖康之耻, 1126)'이라는 참담한 패배를 안겨주었다. 황제 두 명을 비롯한 수많은 왕족과 고관대작들이 포로로 잡혀갔고, 많은 재물을 바쳤다. 무엇보다 고대의 황허문명 이래 수천 년을 살아온 정든 땅을 이민족에게 빼앗긴 한족은 남쪽으로 피난길에 오를 수밖에 없었다. 남송(南宋)시대는 그렇게 시작되었고, 빼앗긴 땅을 되찾겠다는 투지는 불타올랐지만 한족이 황허 유역을 되찾은 것은 명나라 때가 되어서였다. 남송 이후 창장 하류 지역은 한족에게 더는 변두리가 아니라 중심지가 되었다.

몽골족이 세운 원나라 이후 명·청 왕조의 수도는 북방의 베이징이었다. 그렇다고 해서 창장 하류 지역이 다시 변두리가 되었다는 말은 아니다. 명나라를 세운 주원장(朱元璋)의 고향은 안후이성이었고, 그는 난징(南京)을 수도로 정했다. 3대 황제인 영락제 때 베이징으로 수도를 옮기지만 그 뒤 명나라 황제들은 이곳을 마치 황실의 고향처럼 여겼던 것 같다. 그들은 난징에도 베이징과 똑같은 내각을 두었고, 종종 난징을 포함한 강남으로 여행을 갔으며, 강남 출신 요리사를 궁궐로 불러들였다. 다시 여진족이 세운 후금(后金)에 황허 유역을

주원장(朱元璋)

빼앗긴 명나라가 마지막까지 저항했던 최후의 보루 역시 수도 베이징이 아닌 강남의 난징이었다. 소수의 만주족이 다수의 한족을 지배하던 청나라 시대에 창장 하류 지역은 한족 부흥의 꿈을 간직한 한족의 심장과도 같은 곳이 되었다. 그들은 강남의 풍요를 바탕으로 일본과 서양으로 유학생을 보냈고, 그 유학생들은 훗날 청나라를 멸망시키고 중화민국을 건국하는 주력이 되었다. 그리고 중화민국이 군벌세력을 통합하여 중국을 통일한 뒤 수도로 정한 곳 역시 난징이었다.

황허 유역을 다 빼앗기고 창장 하류 지역으로 피난와서 남송을 세우던 무렵 정신사적으로도 큰 변화가 있었는데, 그것은 바로 성리학(性理学)*이 출현한 것이다. 주희(朱熹)와 그의 동료들은 공자 이래 약 1,500년 동안의 인문학을 유가(儒家) 중심으로 집대성했고, 그들의 학문은 이후 서양문물이 중국에 들어오며 근

주희(朱熹)

대라는 새로운 시대가 시작되기까지 약 1,000년 동안 중국과 동아시아에서 정통 학문이라는 확고한 지위를 누렸다. 남송 이후 명·청 왕조에 이르기까지 관직에 오르려면 과거시험에 합격해야 했는데, 그러려면 반드시 성리학을 공부해야만 했다. 송 이전에도 학문을 업으로 삼은 사(士) 계급은 있었지만, 그 숫자는 제한적이었다. 그러던 것이 창장 하류 강남의 풍요로운 환경 속에 생산력이 발전하며 그 수가 급속히 늘어났다. 바야흐로 선비의 시대가 시작된 것이다. 명·청시대부터 근현대에 이르기까지 중국이 배출한 뛰어난 문인 중 강남 출신이 유난히 많은 데는 이런 배경이 있었다.

이와 같이 강남은 송 이후 1,000년 동안 한족의 경제적·문화적 중심지였다. 요리에서도 그랬다. 장쑤, 저장, 안후이의 요리는 모두 중국의 8대 요리에서 한 자리씩 차지하고 있고, 10대 요리로 범위를 넓히면 상하이요리도 빠지지 않는다. 모두 지리적으로 '강남'이라는 거대 키워드에 수렴되기는 하지만 '강남요리'라고 한데 묶기에는 그 지위가 너무나 높고 내용이 방대하므로 간단하게 하나씩 짚어보려고 한다.

---

* 성리학(性理学) : 사람의 성품과 의기, 우주의 원리 등을 연구하는 학문으로, 중국 송 대에 들어와 공자와 맹자의 유교 사상을 '성리(性理), 의리(义理), 이기(理气)' 등의 형이상학 체계로 해석하였는데, 이를 성리학이라 부른다. 성리학은 송의 주희가 이를 집대성하였다하여 주자학이라고도 부른다.

① 장쑤요리(苏菜 Sū cài)

강남 어디나 풍요롭지만 그중에서도 핵심은 저장성과 장쑤성이다. 이 지역을 흔히 '위미즈샹(鱼米之乡 yúmǐ zhī xiāng)', 즉 생선과 쌀의 고향이라고 했는데, 이 말에서 바다와 민물을 포함한 수산물과 쌀이 이곳의 풍요를 대표함을 알 수 있다. 줄여서 '쑤차이(苏菜)'라고도 하는 장쑤성 요리의 역사는 중국 역사상 최초의 요리사인 요순시대의 팽조(彭祖, 이름은 전갱籛鏗이나 팽彭나라의 시조여서 이렇게 불린다)에서 시작된다. 중국뿐 아니라 우리나라에서도 중요한 식품인 두부를 발명해낸 이도 한나라 때 회남왕(淮南王, 장쑤 지역을 관할하는 작위) 유안(刘安)이다. 장쑤요리는 남송시기 한족이 이주한 이후 명·청시대를 거치는 동안 생산력의 발전과 남북 대운하와 창장 등 물류 인프라 속에 형성되었다.

장쑤요리의 특징은 섬세함이다. 이곳 요리를 대표하는 조리법을 보면 뚜껑을 닫고 약한 불에 긴 시간 찌기, 고아내기, 삶기, 뜸들이기 등 장시간의 수고와 세심한 주의를 요구하는 것들이 많다. 칼도 대단히 섬세하게 사용해서 식감은 물론이고 단순히 썰고 담아내는 수준이 아닌 창의력 넘치는 연출력을 보여준다. 긴 시간에 걸친 세심한 수고와 칼을 정교하게 사용하는 기교는 모두 본질에 충실한 것으로 수렴된다. 재료의 본맛을 살리고, 심지어 뼈를 쉽게 발라낼 수 있을 정도로 부들부들하고 연하면서도 본모양을 유지한다. 재료를 다루는 섬세함과 본질에 대한 충실함은 강남요리의 전반적 특징이기도 하지만 장쑤에서 더욱 두드러진다.

장쑤요리는 다시 지역에 따라 네 하위범주로 나뉜다. 난징 중심의 진링요리(金陵菜 Jīnlíngcài), 양저우(扬州 Yángzhōu)와 화이안(淮安 Huái'ān)의 화이양요리(淮扬菜 Huái Yáng cài), 쑤저우(苏州 Sūzhōu)와 우시(无锡 Wúxī)의 쑤시요리(苏锡菜 Sū Xī cài), 쉬저우(徐州 Xúzhōu)와 인근 바닷가의 쉬하이요리(徐海菜 Xúhǎicài)가 그것이다. 이들은 하위범주라고 하기 미안할 정도로 역사와 체계, 지명도를 자랑한다.

난징은 진링 외에 십조도회(十朝都会)라고도 불리는, 즉 여러 왕조의 수도였음을 자랑하는 유서 깊은 곳이라서 이곳 요리를 징쑤요리(京苏菜 Jīng Sū cài)라고도 한다. 지금은 수도를 베이징에 내주었지만, 타이완으로 옮겨간 중화민국 역시 난징을 수도로 했으니 마지막으로 수도 지위를 누린 것이 불과 100년도 되지 않은 셈이다. 오랫동안 여러 나라의 수도였던 곳답게 이곳의 요리는 품격 높고 자신감에 차 있다. 장쑤요리 계열답게 칼을 섬세하게 사용하고, 찌거나 뜸 들이는 등의 조리법에 능하며 은은하면서 부드러운 맛으로 사람의 혀를 강하게 자극하기보다 절제할 줄 안다. 가장 많이 알려진 요리는 오리를 간수로 씻어 살짝 말렸다가 삶아내는 진링옌수이야(金陵盐水鸭 Jīnlíng yánshuǐ yā)

진링옌수이야(金陵盐水鸭)

일 것이다. 주원장이 난징을 수도로 정한 뒤 오리를 굽는 카오야(烤鸭 kǎoyā)가 먼저 생겨났고 이를 뒤이어 탄생한 요리라고 전해진다. 중화민국의 수도였던 만큼 이 시절 인물들과 관련된 요리가 많은 것도 특징이다. 장제스(蒋介石 Jiǎng Jièshí) 부인 쑹메이링(宋美龄 Sòng Měilíng)의 일화가 있는 퍄오얼거단(瓢儿鸽蛋 piáo'ér gēdàn), 루쉰(鲁迅 Lǔ Xùn)이 좋아했다는 주닝진투이(酒凝金腿 jiǔníng jīntuǐ, 진투이는 일종의 돼지고기 햄) 등이 유명하다.

츠후기념동상공원(慈湖纪念雕塑公园)의
장제스 동상

퍄오얼거단(瓢儿鸽蛋)

루쉰공원(鲁迅公园)의 루쉰 동상

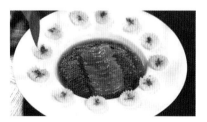

주닝진투이(酒凝金腿)

화이양요리는 중국 4대 요리를 꼽으면 장쑤요리를 제치고 한 자리를 차지할 정도라서 장쑤요리의 하위범주로 보기에는 그 명성이 너무나 높다. 이곳 요리는 특히 '국연(国宴)', 즉 나라의 잔치요리로 유명하다. 중화인민공화국의 개국을 선포한 1949년 10월 1일 저녁의 파티 음식 역시 화이양요리였다고 하니, 중국요리에서 이곳이 차지하는 위상을 짐작할 만하다. 이곳 음식문화의 키워드를 세 개 꼽는다면 원림(园林), 문인(文人), 음식이다. 중

쑤저우원림(苏州园林)

국 고유의 정원인 원림에 선비들이 모여 함께 먹고 마시며 그 정취를 시나 산문으로 남기는 광경이 상상된다. 칼 솜씨가 대단히 섬세해서 맛과 모양이 모두 아름다운 것도 이곳 요리의 장점이다. 대표 요리로 완자요리인 스쯔터우(狮子头 shīzi tóu), 원쓰더우푸(文思豆腐 wénsī dòufu) 등이 유명하다. 우리나라에서 중식 볶음밥으로 흔히 알려진 것도 바로 이곳의 양저우차오판(扬州炒饭 Yángzhōu chǎofàn)이다.

쑤시요리는 지역적으로는 쑤저우와 우시 외에 상하이까지 포괄한다. 이 지역에 촘촘히 자리한 강과 호수에서 나는 새우, 생선 등을 많이 사용하는 쑤시요리는 맛만 좋은 것이 아니라 아름다운 모양으로도 유명하다. 특히 쏘가리 등 민물생선의 살에 칼집을 내어 마치 솔방울처럼 튀겨내는 쑹수구이위(松鼠鳜鱼 sōngshǔ

❶ 스쯔터우(狮子头)
❷ 원쓰더우푸(文思豆腐)
❸ 양저우차오판(扬州炒饭)
❹ 쑹수구이위(松鼠鳜鱼)

guìyú)는 맛과 모양이 모두 뛰어나 다른 지역으로 조리법이 많이 전해지기도 했다. 장쑤성 지도에서 가장 북쪽에 자리한 쉬저우 중심의 쉬하이요리는 장쑤요리이면서 인접한 산둥 지역의 풍미에 가까운 양상을 보인다. 이른바 오축(五畜, 소·돼지·닭·개·양)의 육류와 해산물을 모두 사용하고, 장쑤성 다른 곳의 음식에 비해 약간 짠 편이다.

중국 최초의 요리사 팽조(彭祖)

팽조(彭祖)

팽조는 요순(堯舜)시대 사람이라고 하니 약 5,000년 전의 전설 속 인물이다. 이름은 전갱(籛鏗, 钱铿) 또는 팽갱(彭铿)이라고도 한다. 한국에 단군이 있다면 중국에는 염제(炎帝)와 황제(黃帝)가 있는데, 그 황제의 6세손(혹은 8세손), 전욱(顓頊)의 4세손으로 대팽국(大彭国)을 세웠으며, 펑(彭 Péng)씨 성의 시조다. 그는 전설 속 인물로서 주로 건강·장수와 관련된 이야기가 많다. 중국의 전설 속 장수의 신(神) 남극선옹(南极仙翁)의 현신이라고도 하고 하나라부터 상나라를 지나 주나라에 걸쳐 880세까지 살았다거나, 700세가 넘어서도 늙지 않고 젊어 보였고, 양생술과 방중술을 창시했다고 하는 등의 이야기가 그렇다. 지금은 '팽'이라는 부족의 우두머리로 보고, 비현실적인 그의 수명도 대팽국이 유지되었던 기간으로 보는 관점이 우세하다.

그는 중국 최초의 요리사로서 전설도 남겼다. 홍수가 나자 요 임금이 백성과 함께 치수에 나섰는데, 그만 과로와 스트레스로 병이 나고 말았다. 그러자 팽조가 요 임금에게 바치고자 꿩으로 국을 끓였는데, 진상하기도 전에 냄새를 맡은 요 임금이 자리에서 일어났고, 팽조가 완성된 꿩국을 바치자 단숨에 먹어치웠다고 한다. 이후로도 요 임금은 한동안 매일 팽조의 꿩국을 먹었고 건강을 완전히 회복하여 100세가 넘도록(118세) 장수했다는 것이다. 팽조의 '꿩국의 도(雉羹之道)'에서 중국 '요리의 도(烹饪之道)'가 시작되었다고 한다. 그의 꿩국은 중국의 모든 기록물에서 최초의 요리라는 뜻으로 '천하의 첫 국(天下第一羹)'이라는 명예로운 이름으로 기록되기도 했다. 단순한 꿩국이 이토록 놀라운 효능을 보인 것에 대해 『팽조양도(彭祖养道)』에서는 그 비결로 차의 씨앗을 국에 넣었기 때문이라고 기록했다.

그의 죽음도 바로 이 꿩국과 관련되어 있다. 그의 죽음에 관한 전설도 여러 가지가 있는데, 그중 하나에 따르면 그가 젊었을 때 오색찬란한 꿩을 발견해 그 꿩으로 국을 끓이다가 갑자기 격무로 바쁜 옥황상제 생각이 났다고 한다. 그래서 그 꿩국을 옥황상제에게 바쳤고, 꿩국을 맛있게 먹은 옥황상제는 팽조에게 주방에 남은 꿩의 깃털 수만큼 살게 해주겠다고 약속했다. 남은 꿩 깃털을 세어보니 800개가 넘었다. 세월이 흘러 죽을 때가 다가오자 팽조는 그 옛날 꿩을 씻다가 강물에 흘려버린 깃털을 아쉬워했다고 한다.

5,000년 전 지금보다 인구는 훨씬 적었고, 야생동물은 많았을 테니 꿩은 흔하디흔한 식재료였을 것이다. 쉽게 구할 수 있는 식재료를 쓰되 약간의 비결을 더해 쉽게 낼 수 없는 맛과 향기, 효능을 뽑아냈고, 그것을 왕에게 진상하여 먼저 맛과 향기로 매료하고 왕이 그 음식을 매일 찾도록 했으며, 끝내 왕의 건강까지 회복시켰다니 '중국 최초의 요리사(烹饪鼻祖)', '요리업계의 원조 스승(厨行祖师)'으로 불리기에 충분하다.

그와 가장 관련 깊은 곳은 장쑤성 쉬저우(徐州)다. 그가 꿩국으로 살려낸 요 임금은 그를 대팽국에 봉했는데, 그 장소가 바로 쉬저우였고 쉬저우의 옛 이름도 팽성(彭城)이었다. 쉬저우에는 팽조를 기리는 사당(彭祖祠, 彭祖庙), 그의 이름이 붙은 정원(彭祖园), 우물(彭祖井) 등 팽조와 관련된 유적이 많다. 그의 무덤은 쉬저우 외에도 저장성 린안(临安), 허난(河南), 산시(陕西), 쓰촨(四川), 산둥(山东) 등 중국 곳곳에 있지만, 그중 쉬저우에 있는 무덤만이 팽조의 진짜 무덤인 것으로 확인되고 있다.

팽조를 기리는 사당(彭祖祠, 彭祖庙)

팽조원(彭祖园)

우물(彭祖井)

② 저장요리(浙菜 Zhè cài)

　　동쪽으로는 긴 해인선이, 동남쪽으로는 구릉과 산이 있는 저장성의 지형만 보아도 이곳 음식이 바다와 내륙의 식재료를 망라하여 문자 그대로 산해진미일 것을 짐작할 수 있다. 위에서 강남요리 형성에 대단히 중요한 사건으로 송나라 때 한족의 이주를 들었는데, 이때 정했던 첫 수도가 바로 항저우(杭州)다. 황허 유역에서 온 피난민들 가운데 최고 수준의 요리사들이 수도인 이곳에 모여든 것은 당연한 일이었고, 저장요리는 이때 이후 중국 8대 요리의 하나가 되었다. 그래서인지 강남 식재료와 북방 조리법의 극적인 조합은 강남의 다른 곳보다 이곳 저장요리에서 더욱 두드러진다. 섬세한 조리법, 재료 본래 모양과 맛의 중시 등 강남요리의 특징이 그대로 살아 있음은 물론이다.

시후(西湖)

　　저장요리는 크게 네 갈래로 나뉘는데, 항저우요리가 첫손에 꼽히는 것은 이러한 배경을 생각하면 당연한 일이겠다. 아름다운 시후(西湖 Xīhú)를 품고 있는 항저우는 송대 이후 명·청시대에도 최고 관광지로 주목받았고, 황제부터 수많은 명사가 다녀간 곳이 되었다. 그만큼 항저우요리의 스타일도 고급스럽고 품격이 남다르다. 먼 고향인 북방의 풍미를 간직하고 있으며 상어지느러미, 해삼, 제비집, 곰발바닥, 애저 등 범상치 않은 식재료도 대담하게 사용한다. 또 새우를 룽징(龙井 lóngjǐng) 찻잎으로 볶아 룽징샤런(龙井虾仁 lóngjǐng xiārén)을 만들 때도 아무 찻잎이나 쓰지 않고 청명절 전후의 찻잎을 선호할 만큼 섬세하다. 시후추위(西湖醋鱼 Xīhú cùyú), 둥포러우(东坡肉 Dōngpōròu), 유먼춘쑨(油焖春笋 yóumèn chūnsǔn), 시후춘차이탕(西湖莼菜汤 Xīhú chúncài tāng) 등이 유명하다.

룽징샤런(龙井虾仁)

　　중국요리라면 흔히 기름에 볶거나 튀겨낸 기름진 음식을 상상하지만 이곳의 대표 요리인 시후추위는 끓는 물과 몇 가지 양념만으로 만들어낸다. 시후추위에 얽힌 옛이야기가 있다. 옛날 시후 호숫가에 어부 형제가 살았다. 형에게는 아름다운 아내가 있었는데 그녀를 탐낸 나쁜 관리가 형을 죽이고 동생마저 죽이려 하자 형수가 시동생에게 도망치라며 이 요리로 마지막 밥상을 차려주었다. 그리고 어디를 가든 가난한 백성의 신산한 삶을 잊지 말라고 당부했다. 세월이 흘러

시후추위(西湖醋鱼)

시동생은 높은 관직에 올라 그 악질 관리를 벌한 뒤 이 시후추위를 먹다가 형수 생각을 하게 된다. 그리고 숨어 살던 형수를 찾아내 모시고 다시 어부의 삶을 살았다는 이야기다.

유먼춘쑨(油焖春笋)

둥포러우의 주인공 소식(苏轼) 같은 대문호, 그리고 영화나 텔레비전 연속극으로 수없이 제작된 고전소설 『백사전(白蛇传)』 등 다양한 스토리텔링을 간직한 시후에서 이 정도 이야기는 그리 대단하다고 할 것은 아니다. 그러나 귀족적인 요리가 가득한 이곳에서 가난한 백성 중심의 권선징악 이야기를, 그것도 시후에서 흔히 잡히는 생선으로 기름 한 방울 쓰지 않고 담백하게 만들어낸 요리에 얹어 전하는 것이 더욱 의미가 커 보인다. 자칫 자신들이 누리는 것을 당연히 여기고 백성을 업신여기기 쉬운 귀족에게 백성 없이 귀족 없음을, 가난한 백성의 행복을 지켜줄 책임이 있음을 일깨워주는 것은 아닐까.

읽을거리

둥포러우(东坡肉 dōngpōròu)

요리 이름에 드러나듯 송나라 때의 문호 소식(苏轼)에 의해 만들어지고 유명해진 요리이다. 이야기는 그가 40세이던 1077년 장쑤(江苏)성 쉬저우(徐州)의 지주(知州, 지금의 시장)로 있을 때 시작된다. 홍수라는 재난이 다가오자 소식은 군사들과 성내 모든 백성을 이끌고 둑을 쌓아 막아냈다. 재난을 벗어난 백성들은 재난으로부터 자신들을 지켜낸 지도자에게 감사의 뜻으로 돼지와 양을 잡아 술과 함께 바쳤고, 그 정성을 사양할 수 없

둥포러우(东坡肉)

던 소식은 직접 집안 하인들을 지휘해 그 고기를 훙사오러우(红烧肉) 요리로 만들어 백성들에게 다시 선물했다. 이를 먹은 백성들이 그 맛에 감탄하며 그 고기 요리를 '다시 선물하다'는 의미의 '후이쩡러우(回赠肉)'라고 불렀고, 이것이 둥포러우의 원형이 된다.

3년 뒤 소식은 후베이(湖北)성 황저우(黄州)에 단련부사(团练副使, 지방 군사를 관할하는 부사령 행정관)로 좌천되어 있었다. 그는 직접 땅을 일구며 좌천의 스트레스를 달랬고, 그러다가 자신이 개간한 땅의 이름을 따 '동파거사(东坡居士)'라는 호를 썼다. 그가 소동파(苏东坡)로 불리기 시작한 것도 이때부터였다. 이곳에서 그는 직접 자기 손으로 훙사오러우를 요리했는데, 그 솜씨가 주변에 꽤 알려질 정도였다고 한다.

다시 9년이 지난 뒤 소식은 항저우(杭州)의 지주, 즉 시장으로 부임해 있었다. 그런데 또 5월부터 내리기 시작한 비가 6월이 되어도 그치지 않아 타이후(太湖)가 범람하여 농작물 피해가 커져가고 있었다. 이에 소식은 백성들과 힘을 합해 시후(西湖)에 준설, 제방 축조 등의 노력으로 피해를 최소화하는 데 성공했다. 이 무렵쯤에는 백성들도 그가 돼지고기를 좋아한다는 사실을 알고 있었고, 예전의 일이 반복되었다. 그에게 주어진 설 선물은 이번에도 역시 돼지고기와 술이었고, 그는 집안 하인들과 함께 이 고기를 요리해 다시 백성들과 나누었는데, 그 맛은 예전보다 훨씬 향상되어 있었다. 그 요리가 바로 둥포러우였다.

쉐차이다탕황위(雪菜大汤黄鱼)

간차이먼러우(干菜焖肉)

닝보(宁波 Níngbō)요리는 해안 지방답게 해산물을 즐겨 사용하며 부드럽고 매끄러운 식감을 자랑한다. 조기를 소금에 절인 갓과 함께 뜸 들이듯 삶아낸 쉐차이다탕황위(雪菜大汤黄鱼 xuěcài dàtāng huángyú)가 유명하다. 사오싱(绍兴 Shàoxīng)요리는 강남수향(江南水乡)의 정취를 보여준다. 주로 민물에서 나는 생선, 새우 등 수산물과 닭, 오리, 콩 등 서민 가정에서 접근하기가 어렵지 않은 일상의 재료를 쓰고, 재료의 본래 맛을 중시하며, 진하고 묵직한 맛을 추구하되 맵지 않다. 대표 요리로는 간차이먼러우(干菜焖肉 gāncài mènròu), 짜오류샤런(糟熘虾仁 zāoliū xiārén) 등이 있다. 그밖에 해산물요리를 중심으로 개성이 뚜렷한 원저우(温州 Wēnzhōu)요리가 있다.

짜오류샤런(糟熘虾仁)

수원식단(随园食单)

원매(袁枚, 1716~1797)는 청대를 대표하는 시인이다. 조익(赵翼), 장사전(蒋士铨)과 함께 18세기 최고 시인이라는 의미로 '건륭삼대가(乾隆三大家)'로 불렸다. 성령설(性灵说)이라는 시론을 펼치며 시인인 동시에 시 비평에도 탁월한 경지에 올랐던, 강남을 대표하는 선비였다. 저장성 항저우에서 태어난 그는 37세에 벼슬을 그만둔 뒤에는 난징의 집에 '수원(随园)'이라고 이름 붙여 수원선생(随园先生)이라 불리며 40년 넘도록 그곳에서 살았고, 죽은 뒤에도 난징에 묻혔다. 문집으로 시 미학이론과 비평론을 담은 『수원시화(随园诗话)』, 『소창산방시문집(小仓山房诗文集)』 등이 유명하다.

원매(袁枚)

원매를 설명하는 말 중에 '불내(不耐)'가 있다. 싫은 것을 억지로 참지 못한다는 뜻이다. 그가 이른 나이인 37세에 관직을 내려놓은 배경으로 당시 지배자의 언어였던 만주어 구사가 서툴렀던 점, 높은 지식수준에 비해 악필이었던 점 등이 모두 '불내'라는 키워드로 설명된다. 싫은 것을 참아내지 못하는 성미인 그는 좋아하는 일에는 더 깊이 빠져들었다. 그의 미식 취미는 취미에 그치지 않고 그를 조예 깊은 음식평론가 수준에 이르게 했다.

그가 지은 『수원식단』은 공간적으로 중국 남방과 북방, 시간적으로 14세기부터 그가 살았던 18세기까지, 종류로는 요리와 술, 차를 포함하여 326종에 달하는 엄청난 넓이와 깊이를 자랑한다. 『수원식단』은 총 14개 단락으로 구성되어 있다. 일종의 일러두기와 같은 수지단(须知单)과 주의사항을 담은 계단(戒单)이 앞에 나오고 해물(海鲜单), 민물수산물(江鲜单), 주요 육류(特牲单), 기타 육류(杂牲单), 조류(羽族单), 비늘 있는 수산물(水族有鳞单), 비늘 없는 수산물(水族无鳞单), 기타 채소(杂素菜单), 소품(小菜单), 간식(点心单), 밥과 죽(饭粥单), 차와 술(茶酒单) 등이 그 뒤를 잇는다. 각 음식의 맛뿐 아니라 조리법과 주의사항 등도 꼼꼼하게 담았다.

그가 강남 사람이어서 그랬는지 다음과 같은 구절은 강남요리의 정신을 보여주는 듯하다.

"모든 일에 구차해서는 안 된다. 음식은 더욱 그렇다."

"색을 얻고 싶다고 설탕으로 볶아서는 안 된다. 향을 얻고 싶다고 향료를 쓰면 안 된다. 꾸미는 짓은 맛을 해친다."

구차함과 맛을 꾸며내는 것을 경계했다고 해서 그가 비싸고 고급스러운 식재료만 탐했던 것으로 읽으면 안 된다. 그는 "두부가 맛이 나면 제비집보다 낫다"고 했다. 식재료가 무엇이든 그 본질에 충실하게 최선을 다해 조리하고, 그것을 구차하지 않게 떳떳하고 당당하게 즐기는 것, 그것이 싫은 것을 못 견뎠던 '불내'의 강남 시인이 추구했던 맛의 경지가 아니었을까.

③ 안후이요리(徽菜 Huī cài 혹은 皖菜 Wǎn cài)

강남의 각 지역 중 안후이성은 지형적으로는 유일하게 바다를 접하지 않았고, 요리에는 선비보다 상인의 흔적이 짙게 남아 있다는 점에서 다른 곳과 구별된다. 선비보다 상인이라는 말에 청나라 문단을 200년 동안 석권했던 동성파(桐城派) 문인들이 지금의 안후이성 안칭(安庆 Ānqìng)시 북부의 퉁청(桐城 Tóngchéng) 출신임을 내세워 반박할 수 있겠다. 하지만 이곳 출신 상인들인 휘상(徽商)🍴의 명성이 그만큼 높고 이곳 요리에 그들의 흔적이 많아 그렇게 표현했다. 상인이라고 해서 휘상을 돈만 좇는 이들이라 생각하면 곤란하다. 휘상을 설명하는 표현 중 '고이호유(贾而好儒)'라는 말이 있다. 장사꾼인 동시에 유학(儒学)을 좋아한다는 뜻이다. 그들은 낮에는 경영에 힘을 쏟는 사업가였지만 밤에는 책을 가까이하는 교양인이었다.

안후이요리 역시 남송, 즉 한족이 대이동을 한 이후 역사가 시작된다. 휘상의 역사도 그렇다. 그들도 남송 무렵 이름을 알리기 시작해 명·청시대 중국 경제를 쥐락펴락했다. 휘상이 가는 곳이면 어디나 안후이요리를 전문으로 하는 식당이 생겼고, 휘상은 그곳에서 거래처를 만나 음식을 대접했다. 안후이요리가 유명해진 데에 휘상의 역할은 절대적이었다. 그래서 강남의 다른 지역 요리에 비해 상인의 흔적이 짙을 수밖에 없었다. 만약 장쑤나 저장 출신의 선비, 문인들이 진수성찬을 차려놓고 식사한다면 그것은 그들이 높은 관직에 올랐기에 가능한 일이었을 것이다. 반면 안후이 식탁의 넉넉함은 지위의 높음이 아니라 상인의 부유함에서 나

🍴 **휘상(徽商)**

중국 역사상 10대 상방(商帮) 중 하나이다. 휘주 상인은 남송시기에 생겨난 이후 명·청시기를 거쳐 청말 쇠퇴에 이르기까지 전형적인 '봉건성'과 향토의식을 바탕으로 상업경영을 펼쳤던 상방을 지칭한다.
휘주 상인은 특이한 배경과 조건에서 출현했다. 즉 휘주는 산악지대에 위치하여 산이 많고 경작할 토지가 적은 지역이었는데 위진남북조시기에 중원의 전란을 피해 많은 인구가 휘주 지역으로 유입하여 생존환경이 더욱 악화되었다. 따라서 생존을 위해 휘주인들은 외지로 나가 상업활동에 종사할 수밖에 없었다. 현재의 황산 지역에서 전해 내려오는 민담을 보면, "휘주에서 태어나 13~14세가 되면 외지로 나간다"고 하여 상업이 휘주 사람들의 전통적 풍습이 되었음을 알 수 있다.
또한 휘주 지역은 산악 지역이었기 때문에 차·목재·약초 등 토산품들이 매우 풍부하여 휘주 사람들은 이러한 물품을 외지로 나가 판매하고, 대신 생활에 필요한 식량, 기름, 소금 등을 구입하여 생활했다. 휘주 상인이 취급한 물품은 여러 종류였지만, 그중에서도 소금, 차, 목재 그리고 전당업이 가장 대표적인 업종이었다. 예를 들어, 염상(盐商)은 송·원시대에 시작하여 명 중엽에 '개중법(开中法)'이 시행된 이후 휘주인들이 대거 염업에 종사하면서 휘주 상인의 주력 업종이 되었다.

온다. 고위관리에 비해 상인은 아무래도 격식보다 현실, 원칙보다 유연함에 장점이 있다. 그런 특징이 요리에도 나타난다. 안후이요리의 특징 중 첫손에 꼽히는 것이 바로 현지에서 구하기 쉬운 식재료를 중시한다는 점이다(이 말이 저렴한 식재료를 원한다는 뜻은 아니다). 바다에 인접하지 않았으니 굳이 해산물을 찾지 않고 민물과 산, 일반 가정에서 얻을 수 있는 식재료로 신선하게 조리하는 것이 안후이요리의 핵심이다. 목이, 석이(영지) 등 각종 버섯이나 집에서 키우는 닭, 오리, 돼지 외에 자라, 사향고양이, 개구리 등이 식재료로 사용된다.

안후이요리의 다음 특징으로 보통은 불 조절의 섬세함과 조리법의 다양함을 꼽지만, 이는 다른 지역 요리에서도 내세우는 것이다. 안후이요리의 특징 중 눈길을 끄는 것은 음식을 통한 건강, 즉 보양식을 다룬다는 점이다. "약과 음식은 근본이 같다(医食同源)"는 관념은 중국 어디에나 있지만 안후이요리는 이 점을 특히 중시한다. 이곳 요리의 마지막 특징은 주로 국물 맛을 내는 중국식 햄이라 할 수 있는 휘투이(火腿 huǒtuǐ)를 많이 쓴다는 점이다. 휘투이로 국물 맛을 내는 조리법 역시 중국에서 보편적이지만, 안후이요리에서 더욱 두드러진다. 안후이요리의 국물은 각 재료의 맛이 진하게 우러나 묵직하게 느껴진다.

휘투이(火腿)

대표 요리도 헤아릴 수 없이 많지만 그중 쏘가리를 삭혀 만든 처우구이위(臭鳜鱼 chòuguìyú)가 독특하다. 쏘가리를 약한 소금물에 담가 25℃ 정도 온도로 일주일쯤 삭힌 뒤 얇게 썬 돼지고기, 죽순 등과 함께 약한 불에서 조리듯 만들어내는 이 요리는 고약한 냄새와 뛰어난 맛으로 이 지역 요리를 대표한다. 발효요리 가운데 후피마오더우푸(虎皮毛豆腐 hǔpí máodòufu)도 빼놓을 수 없다. 두부를 일정한 환경에서 발효하면 하얀 실 모양의 균사가 자라나는데, 이렇게 발효한 두부를 찌거나 튀겨

처우구이위(臭鳜鱼)

서 만든다. 이러한 안후이요리의 개성을 잘 보여주는 보양식 요리로 훠투이둔자위(火腿炖甲鱼 huǒtuǐ dùn jiǎyú)가 있다. 데쳐낸 자라를 손질하여 훠투이, 생강, 대파 등과 함께 푹 삶아 만드는 이 보양식은 피를 맑게 하고 혈중 콜레스테롤을 낮추어 고혈압과 심장병에 좋다고 한다.

후피마오더우푸(虎皮毛豆腐)

훠투이둔자위(火腿炖甲鱼)

그 중 후피마오더우푸에는 명나라를 건국한 주원장의 일화가 있다. 주원장은 어린 시절에 대단히 불우하여 고아가 된 뒤에는 끼니를 해결하려고 절에 들어갔다. 그를 불쌍히 여긴 마을 사람들은 그에게 먹을 것을 나눠주었고, 이는 그가 절에 들어간 뒤에도 계속되었다. 그러던 중 주원장이 절에서 하는 행사로 바빠 그에게 먹으라고 음식을 놓아두는 곳에 가보지 못하다가 며칠 만에 갔더니 두부가 상해 실 모양의 곰팡이가 자라 있었다. 두부는 이미 상했지만 주원장은 그를 아껴주는 마을 사람들에 대한 감사함 때문에 차마 버릴 수 없어 튀겨 먹었는데 의외로 맛이 훌륭했다. 그 뒤 이 두부요리는 주원장이 좋아하는 음식이 되었다. 주원장은 훗날 황제가 된 뒤에도 이 두부요리를 좋아했다. 결국 불쌍한 아이를 도운 마을 사람들의 착한 마음과 두부가 상했음에도 버리지 않고 감사히 먹은 소년의 착한 마음은 서민 음식인 두부, 그것도 상한 두부가 황실요리의 하나가 되도록 했다.

④ 상하이요리(沪菜 Hù cài)

　　중국에서 가장 발달한 국제도시인 상하이는 중국의 다른 도시에 비해 역사가
그리 길지 않다. 때로 독립된 행정구역이 되기도 했지만 대개 다른 지역과 묶여
하나의 행정구역을 이뤄야 했을 만큼 근대 이전 상하이는 그저 작은 어촌일 뿐
이었다. 상하이가 하나의 도시로 형성되기 시작한 것은 근대 이후의 일이다. 아
편전쟁(1840~1842)에서 패한 청나라는 상하이를 개항하고 조계지(租界地)라는 특
수 구역을 정해 서양인의 자치적인 거주를 허용해야 했는데, 이로써 도시 상하이
의 역사가 시작되었다.

　　20세기 들어 중화민국시대가 되자 상하이는 백화점과 영화관, 댄스홀, 레스토
랑, 카페 등을 품은 국제도시가 되었다. 창장과 바다를 모두 접하고 장쑤성과 저
장성에 고루 맞닿은 위치만 보아도 상하이가 운명적으로 다양성의 공간일 수밖
에 없음이 짐작된다. 게다가 당시 시내에서 도로 하나만 건너면 이 나라 조계지
에서 저 나라 조계지로 넘어갈 수 있었다.
중국이었지만 중국이 아니었고, 도로 하나
를 사이에 두고 국적이 다른 땅이 있었다.

상하이(上海) 와이탄(外滩)

따라서 길 이쪽과 저쪽의 문화도 달랐다. 이렇게 다양성과 혼종성은 상하이의 태생적 특징이 되었고, 상하이요리는 바로 이런 배경에서 성장했다.

상하이의 별명을 따서 후차이(沪菜) 혹은 상하이의 정체성을 주장하는 의미로 번방차이(本帮菜 běnbāng cài)라고도 하는 상하이요리는 처음에는 농사짓고 고기 잡던 가난한 백성의 간단하고 소박한 음식이었다. 그러던 것이 쑤시요리의 영향으로 변화하기 시작해 20세기 중반 무렵 장쑤요리와 저장요리를 근간으로 하는 퓨전요리로 탄생했다. 그렇다고 해서 두 곳 요리의 평균이 상하이요리라는 말은 아니다. 상하이는 도시가 되자 바로 국제도시가 되었고, 상공업이 빠르게 발전했다. 중국 각지에서 많은 자본가와 노동자, 상인이 모여들었고, 중국의 거의 모든 지역을 대표하는 식당들이 상하이 거리를 채웠을 뿐 아니라 서양 각국의 양식당까지 들어섰다. 이들은 인접 지역에서 공급되는 풍부한 식재료를 충분히 활용하며 경쟁하는 가운데 영향을 주고받았고, 그 과정이 모두 상하이요리의 정체성이 되었다. 인접한 장쑤·저장 요리의 영향이 가장 컸다고 해도 그 평균이 아닌 상하이요리만의 특징이 생긴 데에는 상하이 역사가 낳은 다양성이 있었다.

번방차이(本帮菜)

옛 상하이요리는 기름과 간장, 설탕, 식초 등을 많이 써서 검붉은색에 달고 묵직한 맛이 두드러졌다고 한다. 역사가 짧으면 자랑할 만한 과거사 대신 전통을 고집하지 않고 변화에 신속하게 대응하는 민첩성이 보상으로 주어지게 마련인 듯하다. 상하이는 중국의 어느 곳보다도 빠르고 폭넓게 변했고, 상하이 사람들의 입맛도 이에 따라 변했다. 상하이요리의 맛도 빠르게 변해 이제는 담백하고 깔끔

한 맛이 상하이를 대표하게 되었고, 예의 검붉은 짙은 색, 달고 묵직한 맛은 상하이의 옛 맛으로 남았다. 조리법의 변화 양상도 비슷했다. 원래는 홍사오(红烧)와 가볍게 볶기 위주였지만 장 쑤·저장 요리와 서양요리의 조리법을 수용하면서 다양해져 지금은 어떤 지역 요리보다도 다채로운 조리법을 자랑한다.

상하이요리에 관한 모든 설명이 다양성과 혼종성, 퓨전으로 수렴된다는 것은 뒤집어 말하면 상하이요리의 정체성이 모호하다는 뜻이기도 하다. 한 도시 안에 전국 각지를 대표하는 식당이 즐비하고 화이양(淮阳), 쑤시(苏锡) 등 장쑤요리와 항저우, 닝보 등 저장요리에 안후이요리까지 한 식탁에 공존하는 것이 상하이요리다. 심지어 관점에 따라서는 조계지가 없어진 뒤 상하이식으로 남은 프랑스요리, 독일요리 등 양식까지 상하이요리에 포함하기도 하니 그 정체를 정의하려는 것보다 다양성과 혼종성 자체를 상하이요리의 정체성으로 인정하는 편이 현명할 듯하다.

다자셰(大闸蟹)

유장마오셰(油酱毛蟹)

상하이요리 중 유명하기로는 게요리인 다자셰(大闸蟹 dàzháxiè)가 첫손이 아닐까 한다. 찜통에서 쪄낸 게에 끓여 식힌 간장과 설탕, 황주(黄酒), 참기름 등을 섞은 양념을 곁들여 찜(清蒸 qīngzhēng)으로 먹거나 팬에서 기름에 지진 뒤 간장, 황주, 육수 등과 함께 센 불에서 빠르게 익히는 유장마오셰(油酱毛蟹 yóujiàng máoxiè)로 먹는 게요리는 부유한 현대 상하이의 호사를 대표하는 듯하다. 상하이의 혼종성을 보여주는 요리로 거위 간, 즉 푸아그라로 만드는 어간장펜(鹅肝酱片 égān jiàngpiàn)도 있다. 푸아그라를 데쳐

어간장펜(鹅肝酱片)

생강, 마늘을 넣고 중국식으로 볶아낸 다음 갈아서 버터와 함께 반죽하여 모양을 만들고 차갑게 식혀서 굳힌 뒤 얇게 썰어낸다.

2) 강남의 문화와 음식

중국 문학의 원류를 말할 때 흔히 언급하는 것이 『시경』과 『초사(楚辞)』*다. 『시경』이 황허 유역의 거친 땅 북방에 살던 수많은 민중의 진솔한 이야기들이 긴 세월 누적되어 이루어진 거대한 합창이라면 『초사』는 창장 유역에 살던 지식인의 섬세한 내면의 결이 살아있는 독창이라 할 수 있다. 중국의 문학과 예술을 북방과 남방, 리얼리즘과 로맨티시즘 두 축을 중심으로 설명한 지는 오래되었지만 지금도 유효한 방법이다. 그 두 축 가운데 남방, 로맨티시즘의 중심이 바로 강남이다.

강남 어딘가에 수도를 정했던 왕조 중 중국 통일에 도전할 만한 강국은 거의 없었다. 혼란기에 중원의 전쟁을 피해 조용하고 평화롭게 지내고자 했던 이들이 세운 작은 나라들이 주로 이곳에 자리 잡았다. 강남은 권력의 땅이기보다 권력에서 한 발 비켜서 있으면서 시를 노래하고 그림 그리기를 좋아하는 이들이 숨거나 여행하던 곳이었다. 그래서 군사적으로는 늘 북방에 패했지만 문화적으로는 북방보다 성숙했다. 문학과 음악, 미술을 사랑했다는 말이 게으름을 의미하는 것은 아니다. 송대 이후 중국의 정신사를 지배했던 성리학은 인간의 성실한 노력을 강조한다. "젊은이가 늙기는 쉬우나 배움을 이루기는 어려우니, 아무리 짧은 시간이라도 가벼이 여겨서는 안 된다(少年易老学难成，一寸光阴不可轻)"라는 주희의 시 구절은 성리학이 노력을 얼마나 중시하는지 말해준다. 성리학을 공부하던 선비들은 늘 부지런히 책을 가까이하며 좋은 시와 글을 쓰려 노력했고, 자신이 포착하고 통찰한 세상과 사물의 본질적 모습을 문인화에 그림과 시로 담았다.

---

* 『초사(楚辞)』: 중국의 고전 시가 작품집이다. 『시경』과 함께 중국 고전문학의 큰 기둥이다. 초나라 방언으로 쓰였으며, 전한 때에 유향(刘向)이 편집하였다. 굴원(屈原)의 시와 그를 추모하는 내용을 담은 시로 구성되어 있다.

이렇게 권력을 멀리하되 문화를 아는 성실한 교양인이 "하늘에 천당이 있다면 땅에는 쑤저우와 항저우가 있다(上有天堂, 下有苏杭)"라고 할 만큼 아름다운 곳, 그리고 '위미즈샹(鱼米之乡)'이라 불릴 만큼 풍요로운 곳 강남에서 살았다. 그런 그들의 상상이 낭만적이지 않을 수 있었을까. 미각인들 예민하지 않을 수 있었을까. 강남의 요리사는 마치 성리학을 공부하는 선비처럼 성실한 자세로, 문인화를 그리는 선비처럼 섬세하게 식재료를 대했다. 기꺼이 긴 시간과 높은 집중력을 요구하는 조리법을 마다하지 않았던 그들은 마치 선비가 붓을 쓰듯 칼을 다뤘고, 먹물의 진함과 흐림으로 하늘과 숲과 강물의 깊이를 표현하듯 센 불과 약한 불을 조절하여 맛을 다르게 표현했다. 그렇게 하여 선비가 풍경에서 진경을 통찰해내듯 식재료 본연의 맛을 포착하고 끌어올려 요리의 진경을 펼쳐낼 뿐, 지나친 양념으로 식재료 맛을 왜곡하거나 잔재주로 먹는 이의 미각을 속이려 하지 않았다. 그렇게 만들어진 것이 강남의 요리다. 중국 8대 요리 중 강남이 세 자리나 차지한 데는 이런 배경이 있었다.

04
중국의
가벼운
먹거리

중국에는 가벼운 먹거리가 다양하다. 특히 사람들이 대부분 아침식사부터 집 밖에서 해결하므로 아침에만 잠시 문을 여는 아침 식당도 많다. 아침식사의 대표 메뉴로는 젠빙궈쯔(煎饼果子 jiānbǐng guǒzi), 유탸오(油条 yóutiáo), 더우장(豆浆 dòujiāng), 샤오룽바오(小笼包 xiǎolóngbāo), 훈툰(馄饨 húntun) 등을 들 수 있다. 중국은 만두 종주국으로 만두가 다양하다. 대표적인 만두로는 샤오룽바오를 들 수 있고, 이외에 자오쯔(饺子 jiǎozi), 관탕바오(灌汤包 guàntāngbāo), 성젠(生煎 shēngjiān), 궈톄(锅贴 guōtiē), 훈툰, 사오마이(烧卖 shāomài) 등이 있어 다양한 만두를 맛볼 수 있다. 중국에는 야식도 다양한데 대표적인 야식거리로는 베이징의 구이제(鬼街 Guǐjiē) 거리와 왕푸징(王府井 Wáfǔjǐng) 야시장, 타이완의 스린(士林 Shìlín) 야시장 등을 들 수 있다. 특히 베이징 구이제의 마라룽샤(麻辣龙虾 málà lóngxiā)와 왕푸징 야시장의 다양한 꼬치류가 유명하다. 여기에 우리나라에서는 쉽게 맛볼 수 없는 과일과 음료가 다양해서 우리의 발길과 시선을 잡아끈다.

🫖 ① 중국인의 아침

1) 중국의 대표 간식 - 젠빙궈쯔(煎饼果子 jiānbǐng guǒzi)

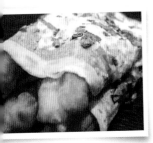

젠빙궈쯔(煎饼果子)

산둥성 타이안(泰安 Tài'ān)에서 발원했다고 알려진 젠빙은 우리나라의 얇은 전이나 서양의 팬케이크에 해당하는 음식이다. 발효한 밀가루를 물에 풀어 달군 철판 위에 둥글게 종이처럼 얇게 펴서 익히고, 그 위에 계란을 깨뜨려 입힌 뒤 톈몐장(甜面酱 tiánmiànjiàng, 첨면장, 검고 단맛이 나는 소스로 오리구이 등을 찍어 먹음), 라자오장(辣椒酱 làjiāojiàng, 중국식 고추장으로 마늘, 생강, 설탕, 소금, 참기름 등으로 만듦) 등 다양한 소스를 취향에 따라 바른다. 그리고 바삭바삭한 궈비얼(馃箅儿 guǒbìr, 톈진 지역 민간에서 즐겨 먹으며 밀가루와 소금 등으로 만든 튀김의 일종으로 젠빙 사이에 끼워 먹음)이나 유탸오를 속에 넣고 다진 파나 샹차이 등을 뿌린 뒤 먹기 좋게 접는다. 젠빙은 밀가루, 옥수수, 수수 등 다양한 원료로 만들 수 있는데, 손에 들고 길거리를 걸으며 먹을 수 있고, 한 끼를 대체할 정도로 포만감이 있어 많은 중국인의 사랑을 받고 있다. 즉석에서 젠빙을 만드는 과정 또한 눈요깃거리로 볼 때마다 감탄하지 않을 수 없다. 역사적으로 당나라 때 황소(黃巢)의 군대가 타이산(泰山)에 주둔할 때 현지 백성들이 젠빙으로 군인들을 위문했다고 한다.

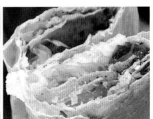

젠빙궈쯔 만드는 과정

2) 무미(无味)의 미(味) - 유탸오(油条 yóutiáo)

유탸오는 반죽한 밀가루를 기다란 막대 모양으로 튀긴 중국식 꽈배기라고 할 수 있다. 갓 튀긴 유탸오는 겉은 바삭하고 안은 쫄깃한 특이한 식감으로 중국인의 사랑을 받고 있다. 막 입에 넣었을 때는 그다지 맛을 느낄 수 없지만 씹을수록 배어나오는 기름과 밀가루 맛의 조합이 묘한 매력을 느끼게 한다. 일반적으로 유탸오는 더우장이나 죽과 함께 먹는데 젠빙에 넣어서 먹기도 한다.

송나라와 금나라가 국가의 명운을 건 전쟁을 치를 때 간신 진회(秦桧)가 충신 악비 (岳飞)를 핍박하자 민간에서 현재의 유탸오와 비슷하게 생긴 음식을 만들고 '기름으로 [油] 진회[桧]를 튀겨버린다[炸]'는 의미의 유자후이(油炸桧 yóuzháhuì)라는 이름을 붙여 진회에 대한 백성들의 분노를 나타냈다고 한다. 물론 밀가루를 튀긴 음식의 기원은 송나라보다 훨씬 이른 당나라 이전으로 거슬러 올라간다. 유탸오는 지역에 따라 명칭이 다양한데 둥베이와 화베이에서는 궈쯔(馃子 guǒzi)라 하고 안후이에서는 유궈쯔(油果子 yóuguǒzi)라 하며 광저우 일대에서는 유자구이(油炸鬼 yóuzháguǐ), 톈진에서는 궈쯔(果子 guǒzi)라 한다.

유탸오(油条)

유탸오 튀기기

유탸오와 잘 어울리는 더우장

3) 부담 없는 아침 - 죽(粥 zhōu)

중국의 아침 중 대표 음식으로 죽을 들 수 있는데 보통 죽만 먹지 않고 유탸오 등 다른 먹거리와 함께 먹는다. 죽도 쌀죽(大米粥 dàmǐ zhōu), 조죽(小米粥 xiǎomǐ zhōu), 녹두죽(绿豆粥 lǜdòu zhōu) 등 종류가 다양한데 우리나라보다는 물이 더 많이 들어간 묽은 죽이 일반적이다. 타이완에서는 죽(粥)보다는 시판(稀饭 xīfàn, 묽은 밥)으로 더 많이 부른다. 북방 지역에서는 저녁에 고구마나 콩류 등과 함께 조죽을 먹기도 한다.

쌀죽(大米粥)

조죽(小米粥)

녹두죽(绿豆粥)

4) 아침엔 두유 - 더우장(豆浆 dòujiāng)

더우장은 중국인이 보편적으로 좋아하는 음료다. 우리나라의 두유와 같은 것으로 약 1,900년 전 서한(西汉)의 회남왕(淮南王) 유안(刘安)이 처음 만들었다고 한다. 유안이 회남의 팔공산(八公山)에서 신선이 되기 위해 연단(炼丹)할 때 우연히 석고(石膏)를 더우장에 넣게 되었고, 이게 변하여 두부가 되었다는 기록을 곳곳에서 찾아볼 수 있다. 그렇다면 더우장은 어떻게 생겨나게 되었을까? 전하는 말에 유안은 효심이 지극했는데 어머니가 아프자 매일 황두(黄豆)를 갈아 어머니에게 마시게 했다고 한다. 이후 더우장은 점점 민간에서 유행했다고 한다. 더우장은 취향에 따라 소금이나 설탕을 넣어 먹고, 유탸오를 더우장에 적셔 먹기도 한다.

5) 중국식 부침개 - 충유빙(葱油饼 cōngyóubǐng)

충유빙은 중국 북방 지역의 간식으로 루차이(鲁菜) 계열이다. 주요 재료는 밀가루와 다진 파인데, 기름을 충분히 두른 후 밀가루 반죽을 얇게 펴서 익혀 바삭한 식감을 살린다. 현재 중국 전역의 길거리나 야시장에서 쉽게 찾아볼 수 있는 음식이다.

6) 천 층의 부침개 - 서우좌빙(手抓饼 shǒuzhuābǐng)

원래 충좌빙(葱抓饼 cōngzhuābǐng)이라 불린 서우좌빙은 타이완이 원산지다. 2004년 타이완 야시장에서 만들어 팔기 시작하여 2005년 정식으로 타이완에서 대륙으로 들어왔다. 종이처럼 얇은 수백 겹의 밀가루 층으로 되어 있는데, 밖은 황금색으로 바삭하면서도 안쪽은 부드럽고, 파기름과 글루텐의 향이 좋아 손에 들자마자 먹게 된다. 현재 중국 전역에서 유행하는데 계란, 돼지고기, 소고기, 베이컨, 햄, 채소 등 보조 재료를 함께 넣어 만들기도 한다.

읽을거리

(문재인)대통령 세트(总统套餐 zǒngtǒng tàocān)

2017년 12월 14일 중국을 국빈(国宾) 방문 중이던 문재인 대통령 내외가 푸청먼와이다제(阜成门外大街)에 위치한 융허셴장(永和鲜浆)이란 서민식당에서 유탸오(油条), 더우장(豆浆), 훈툰(馄饨), 샤오룽바오(小笼包)를 시켜 먹으며 중국인들에게 다가서려는 노력을 하였다. 노영민 주중대사 부부와 함께 한 이 아침식사 가격은 68위안이었는데, 중국에서 유행하는 전자지불방법을 이 식당에서 사용하여 화제가 되기도 하였다. 이 네 종류의 먹거리는 중국인들의 대표적인 아침 메뉴인데 현재 이 식당에서는 이를 '대통령 세트(总统套餐)'로 명명하여 30위안에 팔고 있다.

2 만두

1) 작은 바구니 속의 행복 - 샤오룽바오(小笼包)

샤오룽바오는 '작은(小 xiǎo, 샤오) 찜바구니(蒸笼 zhēnglóng, 정룽) 속에 만두(包子 bāozi, 바오쯔)'를 넣고 쪄서 이런 이름이 붙었다. 중국의 대표 길거리 음식으로 샤오룽바오 한 바구니에 죽 한 그릇이면 한 끼 식사로 부족하지 않다. 우리나라에서는 보통 만두를 간장에 찍어 먹으나 중국에서는 대개 검은색 식초인 천추(陈醋 chéncù)에 찍어 먹는다. 중국 만두는 육즙이 많아 식초에 찍어 고기 비린내를 잡으려 하기 때문이다.

샤오룽바오는 원래 북송 수도인 카이펑의 관탕바

🍽️ 샤오룽바오 먹는 법!

중국의 샤오룽바오, 특히 상하이 지역의 샤오룽바오는 우리나라 만두와 달리 속에 육즙이 많이 들어 있다. 따라서 조심하지 않으면 입을 데거나 옷을 더럽힐 수 있으므로 먹는 법을 알아두면 좋다.

① 샤오룽바오를 조심스럽게 들어 접시에 옮긴다.
② 만두 옆에 조그만 구멍을 내 육즙을 빼낸다.
③ 초를 만두에 적당량 붓는다 (중국에선 일반적으로 만두를 천추(陈醋)에 찍어 먹는다).
④ 만두피를 먼저 먹는다.
⑤ 만두 속을 먹는다.
⑥ 육즙을 마신다.

난샹만터우(南翔饅頭)

오(灌汤包 guàntāngbāo)에서 유래했다. 남송 때에 강남 지역으로 전승되었고 근대에 들어서면서 우시(无锡), 창저우(常州), 상하이, 난징, 항저우 등 강남 지역에서 명성을 떨쳤다. 청나라 말기 동치(同治) 10년 (1871)에 탄생한 상하이의 난샹만터우(南翔饅头 Nánxiáng mántou) 가게는 지금도 먹으려면 20~30분 이상 줄을 서야 한다.

2) 피가 하늘하늘한 만두로 끓인 만둣국 - 훈툰(馄饨 húntun)

훈툰은 우리나라의 만둣국과 비슷하지만 만두의 피가 훨씬 얇고 하늘하늘해 입에서 목으로 넘어갈 때 촉감이 부드럽다. 중국 북방의 민간 전통음식으로, 얇은 밀가루피로 고기소를 싼 뒤 물에 끓여 먹는데, 대부분 탕까지 같이 먹는다. 아침으로 많이 먹는 훈툰은 충칭에서는 차오서우(抄手 chāoshǒu)라 부르고 후베이성(湖北省) 우한(武汉) 등지에서는 수이자오(水饺 shuǐjiǎo)라고 하며 푸젠성(福建省)에서는 볜스(扁食 biǎnshí) 혹은 볜러우(扁肉 biǎnròu)라고 부른다. 한어병음으로만 보면 '훈툰(húntun)'으로 읽어야 하지만 일반적으로는 '훈뚠'으로 발음한다. 상하이의 훈툰은 대개 맹물에 삶은 후 바로 닭 육수, 고기 육수 혹은 뼈다귀 육수를 넣고 기호에 따라 참기름, 간장, 말린 새우 등을 넣어 먹는다. 훈툰은 해외에서도 유명하여 영어로는 광둥식 발음을 따라 'Wonton'으로 불린다. 광둥 지역에서는 훈툰에 면을 첨가해 훈툰멘(馄饨面 húntun miàn) 형태로도 많이 먹는다.

훈툰멘(馄饨面)

3) 밑은 바삭, 위는 촉촉 - 성젠(生煎 shēngjiān)과 궈톄(锅贴 guōtiē)

성젠은 성젠바오쯔(生煎包子 shēngjiān bāozi), 성젠만터우(生煎馒头 shēngjiān mántou)라고도 한다. 상하이, 저장, 장쑤, 광둥 지역에서 유행하는 군만두와 유

성젠(生煎)

사한 먹거리다. 성젠은 열이 오른 철판에 기름을 충분히 두르고, 바오쯔 모
양의 동그란 만두를 놓는다. 그리고 그 위에 깨, 다진 파 등을 얹고 철판 전체
를 뚜껑으로 덮으면 밑부분은 군만두처럼 바삭하고, 윗부분은 찐만두 같은 성
젠이 완성된다. 궈톄는 성젠과 같으나 모양이 자오쯔(饺子 jiǎozi)처럼 길쭉하다.

궈톄(锅贴)

4) 꽃 모양 만두 - 사오마이(烧卖 shāomài)

광둥요리의 일종으로 딤섬에 속한다. 밀가루 반죽에 다진 돼지고기, 새우 등을 넣고
꽃 모양으로 빚은 후 쪄내는 만두의 일종이다. 명·청시대 내몽골 지역에서 유래했다고
전해지며 이후 전국 각지로 퍼졌는데 지역마다 소를 만드는 재료가 다르다. 방
언의 영향으로 '烧' 대신에 '稍 shāo'를 쓰기도 하고 '卖' 대신 '麦 mài', '美
měi', '梅 méi' 등을 쓰기도 하여 사오마이, 사오메이(稍美 shāoměi), 샤오미(肖
米 xiàomǐ) 등 다양한 명칭과 표기법이 공존한다. 일본에서는 슈마이(しゅうまい
shūmai)로 부르며 인도네시아에서는 소마이(somay), 필리핀에서는 시요마이
(siyomay)라고 한다. 피 윗부분이 마치 꽃송이 같아 우리나라에서는 꽃만두라
고도 한다.

사오마이(烧卖)

5) 만두에 얽힌 여러 이야기

① 중국에서는 만두가 찐빵?

현재 중국에서 '만터우(馒头 mántou)'는 소
가 들어 있지 않은 찐빵'을 의미한다. 소가 있
는 만두는 '바오쯔(包子 bāozi, 둥근 모양 만두)'
나 '자오쯔(饺子 jiǎozi, 초승달 모양 만두)'라고 한
다. 그러나 북송시기까지는 '만터우'가 현재 우
리나라 만두와 같은 의미로 쓰였다. 그 흔적은

❶ 만터우(馒头)
❷ 바오쯔(包子)
❸ 자오쯔(饺子)

상하이의 유명한 만둣집 상호인 '난샹만터우(南翔馒头)'에서도 찾아볼 수 있는데, 샤오
룽바오를 파는 만둣집인데도 상호를 '난샹바오쯔'라 하지 않고 '난샹만터우'라고 했다.

② 왜 중국에선 설날에 자오쯔를 먹을까?

우리가 설날에 온 가족이 떡국을 먹듯이 중국에서는 춘제(春节 Chūn Jié)에 가족이 함께 모여 자오쯔(饺子 jiǎozi)를 먹는다. 자오쯔를 먹는 이유는 다양한데, 우선 자오쯔 모양이 고대 중국 화폐의 하나인 원보(元宝)를 닮아 재물운을 가져온다고 생각했다. 그래서 자오쯔에 상서로운 음식을 소로 넣고 빚으며 새해 소망을 빈다고 한다. 춘절에 처음으로 먹는 자오쯔는 반드시 묵은해의 마지막 날 밤 자시(子时, 오후 11~오전 1시)에 빚어서 먹어야 하는데, 이 자시의 앞부분(11~12시)은 묵은해이고 뒷부분(12~1시)은 새해다. 자오쯔(饺子)가 '자시가 교차되다'는 의미의 자오쯔(交子)와 해음(谐音) 관계라서 송구영신을 뜻하고 길상(吉祥)을 상징하게 되었다고 한다.

원보(元宝)

자오쯔(饺子)

③ 만두의 유래

만두라는 말은 '오랑캐(蛮)의 머리(头)'에서 유래했다고 한다. 소설『삼국지』의 제91회「노수(泸水)에서 제사를 올린 뒤 한나라 승상이 군사를 거두어 돌아가고, 중원을 정벌하려는 제갈량이 천자에게 출사표를 올리다」를 보면 제갈량이 남만(南蛮)의 맹획(孟获)을 칠종칠금(七纵七擒)하여 복종하게 한 뒤 노수를 건너 돌아가려는 장면이 나온다. 그러나 노수는 파도가 거칠고 바람이 불어 도저히 건너갈 수 없는 상황이었다. 그러자 맹획이 "49개의 사람 머리와 검은 소, 흰 양을 잡아 신에게 제사지내면 파도가 가라앉을 것"이라고 제갈량에게 말한다. 제갈량은 전쟁으로 이미 많은 사람을 죽였는데 어떻게 또 사람을 죽일 수 있냐며 밀가루 속에 소와 양고기를 채워 만두(馒头)라 이름 짓고, 노수에 제물로 바친 뒤 언덕에 올라 제사를 올린다. 제사가 끝나자 구름이 걷히고 파도가 잔잔해져 제갈량의 군대가 무사히 노수를 건널 수 있었다고 한다.

또 다른 설은 이 전투를 시작하기 전 현지 소수민족의 관습에 따라 사람의 머리를 놓고 승전을 기원하는 제를 올려야 하는데 차마 그렇게 할 수 없어 그 대신에 고기소를 넣은 만두를 만들어 제를 지냈다고 한다. 당시 이 일대 사람들을 만이(蛮夷)라고 불렀기 때문에 만이(蛮夷)의 머리(头) 대신 사용했다 하여 만두(蛮头)라 부르다가 점차 만두(饅头)로 바뀌었다는 것이다. 그러나 제갈량이 만두를 처음 만들었다는 것은 속설에 불과하다. 제갈량의 칠종칠금과 맹획이란 인물도 역사적 사실이 아닌 가공된 것이고, 제갈량이 남정해 정복했다는 지역 역시 쓰촨과 윈난의 경계에 불과하다고 한다.

④ 사람고기로 만든 만두도 있었다니!

『수호전』을 보면 용맹하기로 이름 높은 무송(武松)이 형 무대(武大)를 죽이고 서문경에게 간 형수 반금련을 죽인 죄로 유배를 가던 중 술집에 들르는 장면이 나온다. 이 술집은 모야차(母夜叉) 손이낭(孙二娘)과 그의 남편 장청(张青)이 운영하는데, 독을 넣은 술을 먹여 사람을 죽인 뒤 그 고기로 인육 만두를 만들어 파는 곳이었다. 하마터면 인육 만두의 소가 될 뻔한 무송은 그를 알아본 장청에게 겨우 구제받는다. 비록 소설의 한 장면이지만 중국에서는 다양한 재료를 만두소로 사용했다는 것을 알 수 있다.

읽을 거리

중국의 유명한 만둣집들

중국에는 각 지역을 대표하는 유명한 만둣집들이 있다. 대표적인 만두가게들을 소개한다.

❶ 톈진의 거우부리(狗不理 Gǒubùlǐ)

1858년 가오구이유(高贵友 Gāo Guìyǒu)라는 젊은이가 '더쥐하오(德聚号)'라는 상호로 만두가게를 열었다. 만두 맛이 훌륭해 후에 중화민국 초대 총통을 지낸 위안스카이(袁世凯 Yuán Shìkǎi)가 이 집 만두를 사서 서태후(西太后)에게 바쳐 칭찬을 받았다는 말이 있을 정도였다. '거우부리'라는 특이한 이름을 갖게 된 데에는 다음과 같은 사연이 있다. 가오구이유는 아버지가 노년에 어렵게 얻은 아들이었기에 하늘의 시샘을 피하기 위해 일부러 아명을 '거

거우부리 만둣집 외관

우쯔(狗子 gǒuzi, 개)'로 지었다고 한다. 가오구이유의 만두가게가 너무 잘되다 보니 만두를 사러 오는 사람들에게 전혀 신경을 쓰지 못하게 되었고, 이에 불만을 품은 사람들이 가오구이유의 아명을 써서 흉을 보며 "개가 만두를 파는데 손님 신경도 안 쓰네(狗子卖包子，不理人)"라고 하다가 결국 '거우부리'라고 줄여서 이야기했다는 말이 전한다. 또 다른 설로는 그의 성질이 못돼서 아버지가 "개도 상대 안 할 녀석"이라는 뜻으로 '거우부리'라고 별명을 지어줬고, 가오구이유는 아버지가 지어준 별명을 따서 만두가게 이름을 붙였다고 한다. 바오쯔를 주로 팔며 중국은 물론 우리나라에도 프랜차이즈가 있을 정도로 유명한 곳이다.

❷ 카이펑의 디이러우(第一楼 Dìyīlóu)

카이펑은 송나라의 수도로, 당시에도 관탕샤오룽바오(灌汤小笼包 guàntāng xiǎolóngbāo)를 판매했다고 한다. 카이펑에는 중국을 대표하는 만두 전문점으로 디이러우가 있다. 디이러우는 중화인민공화국 건국 이후 관탕샤오룽바오를 전문적으로

디이러우(第一楼)

샤오룽바오옌(小笼包宴)

만들어 전국적으로 명성을 떨쳤고, 다양한 만두소로 구성된 '샤오룽바오옌(小笼包宴 xiǎolóngbāo yàn)'을 개발하여 여러 가지 만두를 맛볼 수 있게 했다.

❸ 상하이의 난샹만터우(南翔馒头 Nánxiáng mántou)

난샹만터우는 상하이 번화가인 위위안(豫园 Yùyuán)에 있는 만둣집으로 문을 연 지 100여 년 되었다. 특이한 것은 가게 이름을 '샤오룽바오(小笼包 xiǎolóngbāo)'나 '바오쯔(包子 bāozi)'가 아닌 '만터우(馒头 mántou)'라고 한 것이다. 셴러우샤오룽

난샹만터우(南翔馒头)

셰펀샤오룽(蟹粉小笼)

(鲜肉小笼 xiānròu xiǎolóng, 고기만두), 예차이샤오룽(野菜小笼 yěcài xiǎolóng, 채소만두) 등 다양한 샤오룽바오가 있지만 가장 유명한 것은 셰펀샤오룽(蟹粉小笼 xièfěn xiǎolóng, 게살만두)이다. 1년 365일 관광객이 들끓는 이곳의 특성상 난샹만터우의 샤오룽바오를 한 번 맛보려면 20~30분 이상 줄을 서는 것은 기본이다. 그리고 유리창을 통해 만두 만드는 모습을 직접 볼 수 있다. 그러나 맛이 약간 꼬리꼬리하여 우리나라 사람 입맛에는 썩 맞지 않는다.

❹ 시안의 더파창(德发长 Défācháng)

시안의 더파창은 1936년에 문을 연 유서 깊은 만두 전문점이다. 시안 중심가인 중러우(钟楼 Zhōnglóu)와 구러우(鼓楼 Gǔlóu) 사이에 위치한 더파창은 동시에 1,200여 명이 식사할 수 있을 정도로 규모가 크다. 특히 이 집은 일반적인 고기만두 외에 개

더파창(德发长)

자오쯔옌(饺子宴)

구리만두, 오리만두 등 다양한 만두를 맛볼 수 있는 자오쯔옌(饺子宴 jiǎozi yàn)과 물만두가 유명하다.

❸ 야시장 먹거리들

1) 용기 있으면 한 번 도전해봐! - 왕푸징(王府井 Wángfǔjǐng) **야시장**(夜市 yèshì)

베이징의 중심 왕푸징에 있는 왕푸징 야시장은 특이한 꼬치를 파는 것으로 유명하다. 우리가 즐겨 먹는 양꼬치 같은 것들도 많지만 혐오식품에 해당하는 전갈, 굼벵이, 해마, 거미는 물론 불가사리와 지네를 재료로 한 꼬치까지 있어서 관광객의 눈길을 끈다. 용기 있으면 도전해보자! 참고로 타이완도 야시장으로 유명한데 타이베이(台北)에 위치한 스린(士林) 야시장이 대표적이다. 이곳에서는 닭꼬치, 소고기 철판스테이크와 각종 먹거리를 늦은 시간까지 즐길 수 있어 수많은 시민과 관광객이 즐겨 찾는다.

왕푸징(王府井) 야시장

스린(士林) 야시장

2) 구이제(鬼街 Guǐjiē)에서는 마라룽샤(麻辣龙虾 málà lóngxiā)

구이제는 베이징 둥청취(东城区 Dōngchéng qū)에 위치한 음식거리다. 1990년대 밀만 해도 베이징에서 밤 12시 넘어 술을 마실 수 있는 곳이 구이제 외에는 거의 없었다. 구이제라는 명칭도 한밤중에는 귀신(鬼)들이나 나다닌다고 하여 붙은 이름이라는 속설이 있다. 구이제의 대표 음식으로 마라룽샤가 있다. 여기서 파는 룽샤(龙虾 lóngxiā, 가재)는 바닷가재가 아니라 민물가재다. 손가락 크기 정도의 민물가재가 쟁반 가득 담겨 나올 때 뿌듯함은 이루 말할 수 없으며 맛도 매콤달콤하고 훌륭하다. 다만 먹고 난 뒤 산더미같이 쌓인 껍질에 비해 실제 먹은 속살은 별로 없어 실망하기도 한다. 그래도 베이징에 가면 구이제에서 마라룽샤를 꼭 맛보시길!

마라룽샤(麻辣龙虾)

구이제(鬼街) 풍경

3) 양꼬치 & 칭다오

최근 텔레비전 광고에서 유행어로 떠오른 '양꼬치 & 칭다오'는 양러우촬(羊肉串儿 yángròu chuànr, 양꼬치)과 칭다오맥주(青岛啤酒 Qīngdǎo Píjiǔ)를 가리킨다. 이 유행어로 더 유명해진 양꼬치는 중국 사람들이 애용하는 대표 야식이다. 양꼬치는 이슬람 음식으로 이전에는 베이징 길거리에서 회족 사람들이 숯불에 구워 팔았다. 손님이 양꼬치를 시키고 근처 가게에서 맥주를 사다

양꼬치와 칭다오맥주

마시는 것이 보편적이었다. 이슬람교도인 회족은 술을 팔지 않았기 때문이다. 그러나 현재는 환경문제 때문에 길거리에서 숯불에 구워 파는 양꼬치를 보기가 쉽지 않다. 보통 양꼬치에는 고춧가루나 쯔란(孜然 zīrán)을 뿌려 먹는다. 참고로 칭다오피주(맥주)는 당시 독일 조차지였던 칭다오에서 영국과 독일이 합자해서 만든 맥주회사다. 독일의 기술과 근처 라오산(崂山 Láoshān)의 질 좋은 광천수로 만들어 중국은 물론 세계적으로도 유명한 맥주다.

쯔란으로 양념한 양러우촬

4) 썩는 냄새? 그래도 맛은 좋아요! - 처우더우푸(臭豆腐 chòudòufu)

중국의 거리를 걷다보면 어디선가 썩는 듯한 불쾌한 냄새가 날 때가 종종 있다. 외국인은 대개 질색하는 이 냄새의 주인공은 처우더우푸다. 처우더우푸는 중국 전통 먹거리로, 두부를 소금에 절여 오랫동안 삭혀서 만든다. 우리의 청국장처럼 악취로 악명이 높지만 맛이 있어 중국 사람들의 사랑을 받고 있다. 처우더우푸는 중국 각지에 다 있지만 그중에서도 난징과 창사가 유명하다.*

처우더우푸(臭豆腐)

---

* 중국어로 "두부를 먹는다(吃豆腐 chī dòufu)"는 표현은 "여자들에게 집적거린다", "여성을 희롱한다"는 뜻이다. 옛날에 두부가게를 운영하는 부부가 있었는데 건강식품인 두부를 매일 먹다보니 여주인 얼굴에 화색이 돌고 피부에 윤이 났다고 한다. 동네 일부 남정네들이 건강미 넘치는 이 여인에게 농담이라도 한마디 건네려고 시간만 나면 두부가게를 찾곤 했다고 한다. 그러자 그 아내들이 두부가게에 가는 남편을 보고 "또 두부 먹으러 가느냐"고 핀잔을 준 데서 연유한 관용어라고 한다.

5) 철판에 구운 오징어 - 톄반유위(铁板鱿鱼 tiěbǎn yóuyú)

톄반유위는 우리나라의 맥반석 오징어와 비슷하다. 오징어를 철판에 잘 익힌 뒤 가위로 잘라서 특제 소스를 발라 먹는다. 일본에서 유래한 톄반유위는 최근 중국에서 많은 인기를 끌고 있으며, 통오징어를 꼬치에 꿰어 파는 것도 길거리에서 흔히 볼 수 있다.

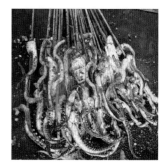

톄반유위(铁板鱿鱼)

6) 구워먹는 냉면 - 카오렁몐(烤冷面 kǎo lěngmiàn)

헤이룽장성(黑龙江省)에서 1999년을 전후하여 처음 등장한 카오렁몐은 마른 냉면피와 계란, 소시지 등을 주재료로 하여 만든다. 초기에는 보통 냉면을 만드는 면으로 조리했으나 점점 일반 냉면보다 가늘고 부드러우며 말리는 과정이 필요 없는 면을 사용하고 있다. 석탄에 직화하거나, 철판에 굽거나, 기름에 튀기는 세 가지 방식이 있는데 재료비가 적게 들고 맛이 좋아 길거리 음식으로 환영받고 있다.

카오렁몐(烤冷面)

7) 중국식 햄버거 - 러우자모(肉夹馍 ròujiāmó)

러우자모는 고대 중국어인 "고기가 빵에 끼어 있다(肉夹于馍)"는 표현을 간략하게 부른 데서 유래한다. 빵 사이에 다진 돼지고기와 다양한 양념을 넣어 만든 중국식 햄버거라고 생각하면 이해하기 쉽다. 산시성(陕西省) 전통음식의 하나로 2016년에는 산시성의 비물질문화유산에 등재되기도 했다.

러우자모(肉夹馍)

🫖 4 기타 먹거리들

1) 마시다 보면 중독되는 전주나이차(珍珠奶茶 zhēnzhū nǎichá)

전주나이차는 보바나이차(波霸奶茶 bōbà nǎichá)라고도 하고, 줄여서 전나이(珍奶 zhēnnǎi)라고도 한다. 우리나라에서는 밀크티, 버블티 혹은 보바티라고 불린다. 전주나이차는 1980년대 말쯤 타이완 남부에서 나이차에 굵은 타피오카 펄을 넣어 처음 만든 타이완의 특산 음료로, 현재는 대륙은 물론 전 세계적으로 유행하고 있다.

전주나이차(珍珠奶茶)

2) 달달한 게 당길 때는 빙탕후루(冰糖葫芦 bīngtáng húlu)

탕후루(糖葫芦 táng húlu)라고도 하는 빙탕후루는 중국의 전통 간식으로 채소나 과일을 꼬치에 꽂은 후 설탕 녹인 물을 덧씌운 것이다. 중국 북방에서 겨울에 늘 볼 수 있는 먹거리로 일반적으로 산자(山楂 shānzhā, 산사) 열매를 꽂아 설탕물을 덮어씌우기에 산사의 달달하고 시큼한 맛이 난다. 이 먹거리는 송나라 때 처음 나왔다고 하는데, 송나라 때의 빙탕후루는 대나무 가지에 산사 열매, 해당화 열매, 포도, 참마, 호두 과육, 단팥 등을 꽂은 뒤 설탕물에 담가 만들었다고 한다. 중국의 전통 먹거리였던 빙탕후루는 지금 중국의 거리 어디서나 볼 수 있는 간식이 되었다.

빙탕후루(冰糖葫芦)

산자(山楂)

3) 처음 보는 과일도 즐기자

　중국에는 우리나라에서 쉽게 맛보지 못하는 다양한 과일이 있다. 겨울철 중국에 가면 무조건 사탕쥐쯔(沙糖橘子 shātáng júzi, 사탕귤)를 사먹자. 조그맣고 볼품없게 생겼지만 아주 달고 맛이 있어 한 봉지 가득한 사탕쥐쯔도 금방 다 먹어치운다. 여름에는 신장 지역에서 나는 하미과(哈蜜瓜 hāmiguā)를 먹어보자. 하미과는 하미 지역에서 생산된 것이 유명하여 하미과라는 이름이 붙었다. 멜론류에 속하지만 모양이 길고 과육은 주황색에 맛은 달고 아삭아삭하여 누구나 빠져들게 된다. 이 두 과일 외에도 당나라 때 양귀비가 즐겨먹어 '양귀비 궁둥이'라는 별칭이 있는 리즈(荔枝 lìzhī, 여지) 역시 남녀노소 누구나 좋아하는 과일이다. 껍질을 벗겨 그대로 먹어도 달콤한 과즙이 나와 맛있지만 껍질째 얼렸다가 먹으면 마치 셔벗을 먹는 것 같은 색다른 맛을 즐길 수 있다. 휘룽궈(火龙果 huǒlóngguǒ, 용과)는 선인장과에 속하는 과일인데 겉껍질도 특이할 뿐 아니라 과육도 흰색과 붉은색에 참깨를 박아놓은 듯해서 사람들의 눈길을 끈다. 다만 맛은 생김새만큼 훌륭하지 않아 아쉽다.

❶ 사탕쥐쯔(沙糖橘子) ❷ 하미과(哈蜜瓜) ❸ 리즈(荔枝) ❹ 휘룽궈(火龙果)

읽을거리

중국의 국수문화

중국이 면을 가장 오래전부터 먹었다는 기록이 남아 있다. 수타면도 중국 산시성(山西省)에서 시작된 것으로 전해진다. 이런 유구한 역사만큼이나 중국은 국수의 나라라 할 정도로 면요리만 1만 가지가 넘는다. 그 가운데 중국을 대표하는 몇 가지를 꼽는다면 다오샤오멘(刀削面 dāoxiāomiàn), 후이멘(烩面 huìmiàn), 자장멘(炸酱面 zhájiàngmiàn), 단단멘(担担面 dàndànmiàn), 러간멘(热干面 règānmiàn), 란저우라멘(兰州拉面 Lánzhōu lāmiàn) 등을 들 수 있다.

다오샤오멘은 중국 국수의 메카로 불리는 산시성에서 기원했다. 끓는 육수 위에 밀가루 반죽 덩어리를 철편 같은 칼로 껍질 벗기듯 깎아 넣어 만든다. 우리의 칼국수와 수제비의 중간쯤 되는 면요리라 할 수 있다. 특히 면을 잘라내는 광경은 일종의 퍼포먼스와 같아 보는 이의 흥미를 자아낸다.

다오샤오멘(刀削面) 만들기

후이멘은 허난성에서 기원했다. 양고기 탕을 베이스로 하여 다시마 채를 비롯한 채소, 두부 채, 양고기, 메추리알, 해삼 등 다양한 재료를 함께 넣어 만드는 탕면이다. 넓적한 수타면이 특징으로, 푸짐하고 영양가 높은 면요리다.

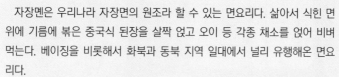
후이멘(烩面)

자장멘은 우리나라 자장면의 원조라 할 수 있는 면요리다. 삶아서 식힌 면 위에 기름에 볶은 중국식 된장을 살짝 얹고 오이 등 각종 채소를 얹어 비벼 먹는다. 베이징을 비롯해서 화북과 동북 지역 일대에서 널리 유행해온 면요리다.

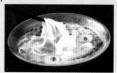
자장멘(炸酱面)

최근 국내에서 '탄탄면'이라는 이름으로 많이 알려진 단단멘은 미식으로 이름난 쓰촨성 청두 지역의 명물 면요리다. 단(担)은 '(짐을) 짊어지다'라는 뜻이다. 단단멘이라는 이름은 과거 거리 행상들이 통 두 개를 멜대 양끝에 연결해 앞뒤로 둘러메고, 한 통에는 면과 그릇과 요리 재료를 담고 다른 한쪽에는 불가마를 메고 길거리를 누비면서 팔고 다닌 데서 비롯되었다. 돼지고기에 고추기름, 채소, 생강, 파, 간장, 땅콩장 등을 넣고 국물을 자근자근하게 만든 일종의 비빔국수로, 매콤한 향에 얼얼하면서도 고소한 맛이 나는 독특한 국수다.

단단멘(担担面)

러간멘은 후베이성 우한(武汉)에서 유래한 면이다. 참기름을 넣고 열을 가한 뒤 말린 국수를 끓는 물에 두어 번 담갔다가 물기를 빼고 짭짤한 장을 얹어 비벼 먹는다. 참기름을 넣어 만든 면을 사용하므로 짭짤하면서도 고소한 맛이 강한 특징이 있다.

러간멘(热干面)

란저우라멘은 이슬람교 율법을 따르는 회족(回族)의 전통음식으로 간쑤성(甘肃省) 중심 도시 란저우(兰州)에서 발원한 수타식 소고기 탕면이다. 기름기가 적은 소고기 국물에 강한 향신료를 사용하지 않아 맛이 담백하고 깔끔하며 수타식 면발은 가늘고 정교하면서도 쫄깃하다. 중국 서북 지역의 특색을 지닌 면요리이지만 거의 중국 전역에 분포해 살아가는 회족 덕분에 중국 어디에서나 실속 있게 즐길 수 있다.

란저우라멘(兰州拉面)

05

중국에서
식사할 때
식탁 예절

다른 사람과 교류할 때 함께 먹고 마시는 것은 빼놓을 수 없는 중요한 일이다. 음식은 예부터 나와 다른 사람을 이어주는 중요한 매개인 것이다. 더욱이 이른바 '관시(关系 guānxi, 인간관계)'와 음식 모두를 유난히 중시하기로 유명한 중국인에게 더불어 모여 먹고 마시는 일이 특히 중요하지 않을 수 없다. 그들에게 함께 음식을 나누는 것은 우정과 신뢰를 쌓고 유지하는 좋은 기회이자 방식이다. 중국에서는 어려운 비즈니스도 기분 좋은 식사 자리에서 의외로 쉽게 풀려나가기도 한다. 중국이 세계에서 접대 문화가 가장 발달한 나라로 꼽히는 것도 이와 무관하지 않을 터이다.

그런가 하면 함께 모여 먹고 마시는 데 기본 예절이 없을 수 없다. 특히 중국은 "예는 음식에서 시작된다(夫礼之初，始诸饮食)"라는 말이 있을 정도로 예부터 음식 예절을 모든 예의의 기초로 여기며 중시해왔다. 물론 근현대의 격변을 거치면서 전통시기의 복잡한 식사 예절은 거의 사라졌지만, 기본 예절은 여전히 남아 있다. 따라서 중국인과 인연을 맺고 좋은 관계를 유지하려면 그들의 식사 예절과 문화를 이해하고 적절히 행동하는 것이 필요하다. 그것이 중국인이 목숨처럼 소중히 여기는 '몐쯔(面子 miànzi, 체면)'와도 관련된다는 점을 생각하면 더욱 그렇다.

🫖 내 자리는 어디일까?

중국에는 "사흘 전에 청하면 초대이고, 이틀 전에 연락하면 불러내기이며, 하루 전에 부르면 끌어내기(三天为请, 两天为叫, 一天为提溜)"라는 속담이 있다. '불러내기'는 예를 갖추지 않고 편하게 부르는 것을 의미하고, '끌어내기'는 본래 죄수를 감옥에서 끄집어내는 것을 뜻하는 말로 상대방을 고려하지 않은 일방적이고 예의 없는 행위를 가리킨다. 다시 말해 손님을 정식으로 초대하려면 시간 여유를 충분히 두고 미리 초청의 뜻을 전해야 하며, 너무 촉박하게 통지하는 것은 실례가 된다는 얘기다. 꼭 중국에서가 아니더라도 우리가 손님을 초대할 때 염두에 두어야 할 대목이다.

야쭤(雅座)와 바오젠(包间)

초대 장소는 주인과 손님의 지위나 관계, 자리의 성격, 기타 상황 등을 두루 고려하여 그에 맞는 곳으로 정하게 마련이다. 중국의 기업이나 기관은 자체적으로 운영하는 호텔이나 음식점이 있는 경우가 많아 그런 곳에서 접대하기도 한다. 일반적인 손님 접대는 야쭤(雅座 yǎzuò) 또는 바오젠(包间 bāojiān)이라고 하는 음식점 안의 독립된 룸에서 한다. 그러나 아주 중요한 손님은 집으로 초대해 대접하기도 하는데, 이는 특별한 호의를 베푸는 것이다.

초대를 받으면 약속시간보다 5~10분 일찍 도착하는 것이 좋다. 초대자 측은 약속 장소에 더 일찍 와 있다가 손님을 맞이한다. 이때 호스트를 비롯해 참석자들이 다 모여 각자 자리가 정해지기 전까지는 테이블에 미리 앉지 않는다. 그러다 보니 룸 안에는 잠시 앉아 기다릴 수 있도록 소파가 있는 경우가 많다.

중국의 연회석에서는 대개 원형식탁을 사용한다. 보통 한 테이블에 10~12명이 앉지만, 때로는 수십 명이 앉는 초대형 테이블을 사용하기도 한다. 테이블의 자리 배치에는 기본적인 관례가 있다. 일반적으로 주인 자리는 출입문에서 마주 보이는 안쪽의 중앙, 곧 가장 조용하면서 전체가 다 잘 보이는 위치에 정한다. 주빈은 초대자 오른편에, 그다음 서열의 손님은 초대자 왼편에 앉는다. 초대자 측에서 주인의 보조역할을 하는 사람을 푸페이(副陪 fùpéi)라고 하는데, 이 사람은 주인과 마주하여 출입문을 등지고 앉는다. 손님 중 세 번째 서열이 이 푸페이 오른편에 앉고 네 번째 서열은 왼편에 앉는다. 나머지 자리는 서열 없이 앉는다. 통역은 보통 주빈 오른편에 앉는다.

좌석배치도

이상의 자리 배치 방식은 물론 고정된 것은 아니다. 주빈 신분이 주인보다 높아 존경의 마음을 표현하고 싶으면 주인이 자기 자리를 주빈에게 내줄 수도 있다. 한편 지역에 따라서는 푸페이가 주빈 오른쪽에 앉는 경우도 있다. 또 주빈이 출입구 정면 자리에 앉고 주빈 오른편에 주인이, 주빈 왼편에 푸페이가 앉으며, 나머지 자리는 손님 측 사람과 주인 측 사람이 번갈아가며 앉기도 한다. 심지어 주빈이 출입구 정면 자리에 앉고 주인이 문을 등지고 앉는 경우도 있다. 따라서 초대자 안내에 따르는 것이 필요하다. 자리가 다 정해진 후에는 주인이 자리에 앉은 다음 앉는 것이 예의다.

이처럼 자리 위치에 따라 지위가 드러나기 때문에 종업원들도 요리를 제일 먼저 누구 앞에 놓아야 하는지를 금방 알게 된다.

우리나라에서도 마찬가지이지만 중국도 주빈 앞에 제일 먼저 음식을 갖다놓도록 한다. 다만 중국에서는 요리를 내올 때 바로 주빈 앞에 가져다놓는 게 아니라 종업원이 출입문으로 들어와 먼저 가장 가까운 위치에서 원탁의 회전판 위에 올려놓는다. 그런 다음 회전판을 돌려 그 요리가 주빈 앞에 가도록 한다. 그러면 초대한 주인은 주빈에게 먼저 요리를 집도록 권한다. 종업원이 요리를 가져와서 올려놓는 위치는 불편을 느끼게 되는 자리인 만큼 식탁에서 서열이 가장 낮은 자리가 된다. 그 때문에 이 자리에는 통상 초대자 측에서 심부름 역할을 하는 사람인 푸페이가 앉는다.

읽을거리

중국 식탁 형태의 변천

중국인이 현재 보편적으로 사용하는 원형식탁은 언제부터 상용되었을까? 그 역사는 의외로 그리 오래되지 않았다. 옛날에는 바닥에 깔개를 펴고 꿇어앉아 작고 낮은 밥상에서 1인분씩 독상 형식으로 차려진 음식을 먹는 것이 보편적이었다. 이 같은 분찬(分餐) 형식은 대략 당나라 때까지 이어졌다. 당시에는 개인용 식반(食盤)을 많이 썼는데, 일본에서는 이 같은 식반을 오늘날에도 사용한다. 우리나라의 전통 상차림도 독상이 기본이었다. 예를 들어 안동김씨 종가의 경우 그런 풍습을 유지하고 있다. 중국에서 여러 사람이 한데 모여 먹는 방식인 합찬(合餐)이 보편화되기 시작한 것은 송대 이후의 일이다.

이런 변화의 근본 원인은 좌식문화에서 입식문화로 바뀐 것이다. 위진남북조와 수당(隋唐)시대를 거치면서 북방 유목민족 문화의 영향으로 높은 입식 탁자와 의자가 들어와 점차 유행하게 되었다. 큰 탁자를 중심으로 의자에 둘러앉게 되면서 한자리에 모여 식

팔선탁(八仙桌)

원탁(圓桌)

사하는 문화가 형성되기 시작한 것이다. 여기에 송대 이후 음식문화가 발전하여 요리가 다양해지고 화려해지면서 여러 사람이 함께 풍성하게 차려진 음식을 즐기는 식사법이 정착되어갔다. 명대에는 여덟 명이 한 자리에 앉는 이른바 팔선탁(八仙桌)이 유행했고, 지금과 같은 원탁 형태는 대략 청대 초기에 나타나 보편화되었다.

🫖 ❷ 어떻게 시켜야 할까?

성대하고 의례성이 강한 연회인 경우 대부분 초대자가 미리 음식을 주문해놓는다. 사실 중국은 음식 종류가 셀 수 없이 많고, 웬만한 음식점의 메뉴를 봐도 메뉴판이 아니라 메뉴책이라 할 만큼 가짓수가 다양하다. 따라서 자리의 상황과 여러 사람의 기호에 맞는 적절한 조합으로 음식을 주문하기는 결코 만만한 일이 아니다. 중국인조차 음식 주문은 하나의 학문이라며 농담하기도 한다. 그래서일까? 음식점에는 보통 가격대별 연회석 세트메뉴가 있고, 필요에 따라 그것을 가감할 수도 있어 주문할 때 활용하면 좋다. 코스 메뉴는 일반적으로 육류와 채소를 적절히 배합하면서 서로 겹치지 않게 하고, 맛과 조리법에서도 적절히 조화될 수 있도록 구성하는 것이 좋다.

초대자로서 요리를 주문할 때 중요한 것은 집에서 흔히 먹을 수 있는 간단한 요리만 시켜서는 안 된다는 것이다. 밖에서 손님을 대접하는 만큼 특별한 요리들을 포함시켜 주문하는 것이 좋다. 손님이 있는 자리에서 음식을 주문한다면 주식을 요리와 함께 주문하는 것은 적절하지 않다. 주식을 미리 주문하는 것이 요리를 적게 먹겠다는 뜻으로 비춰져 실례가 될 수 있기 때문이다.

점차 줄어드는 추세이기는 하지만 중국인은 손님을 접대할 때 지나치다 싶을 정도로 풍성하게 차리는 경향이 있다. 그러나 일반적인 소규모 식사 자리라면 1인당 주요 요리한 가지 정도에 밑반찬이나 탕을 주문하고 부족할 경우 요리 한두 가지를 더 시키면 충분하다. 주문할 때 음식의 양이 인원에 비해 적절한지 종업원에게 조언을 구하는 것도 좋다. 손님, 특히 주빈에게 음식 금기나 꺼리는 음식이 없는지를 미리 물어보는 것도 중요하다. 보통은 초대자가 음식을 주문하지만, 주인이 호의로 손님 측에 원하는 음식을 주문하도록 권하는 경우도 있다. 이때 사양하는 것도 한 방법이지만, 다시 권하면 다른 요리와 중복되지 않으면서 여러 사람의 입맛에 맞는 저렴한 음식 한두 가지를 시키는 것도 괜찮다.

결혼 피로연을 비롯해 연회에서 음식은 짝수로 주문하는데 홀수를 선호하는 우리와 반대의 경우다. 여기서 짝수는 탕과 전채, 주식은 제외한 숫자다. 주요리에 속하는 찬요리와 뜨거운 요리를 합한 숫자가 짝수가 되도록 하는 것이다. 이는 중국인이 짝수를 길하다고 여기고 "좋은 일은 쌍으로 일어난다(好事成双)"는 믿음 때문이다. 다만 "재앙은 겹쳐 오게 마련(祸不单行)"이라는 말 때문에 오히려 장례식에서 요리 가짓수는 짝수를 피한다.

홍샤오루거(红烧乳鸽)

창서우몐(长寿面)

이밖에도 중국인은 음식에 의미를 부여하는 경향이 강하다. 예를 들어 중국의 연회석에서 닭이나 오리 등의 요리가 대가리나 발까지 달린 채 올라오는 경우를 종종 보게 된다. 우리에게는 낯선 풍경이 아닐 수 없다. 이는 중국인이 가금류나 물고기 등의 형상을 훼손하지 않고 완전히 갖춰 조리한 음식으로 원만함과 길상(吉祥)을 추구하는 까닭이다. 또 중국 북방에는 "손님을 맞이할 때는 국수를, 전송할 때는 물만두를 대접하는(迎客面, 送客饺子)" 풍속도 있다. 맞이할 때는 국수가락처럼 오래 머물다 가라는 의미를, 헤어질 때는 그동안 나누었던 정을 만두처럼 듬뿍 싸서 가라는 의미를 담았다. 그래서 산둥 일대에서는 손님에게 첫 번째 식사를 대접할 때 물만두는 피한다. 물만두는 송별연에서 먹는 음식이므로 손님이 환영받지 못한다는 뜻이 있기 때문이다.

중국요리의 명칭에 대하여

이루 셀 수 없이 종류가 많다는 중국요리의 이름을 외국인이 일일이 알기는 불가능에 가깝다. 요즘은 메뉴판에 사진이나 영어가 함께 수록되기도 하지만 중국어로만 쓰인 메뉴판을 보더라도 대강 뜻을 알 수 있다면 큰 도움이 될 것이다.

중국요리의 명칭은 대개 재료, 조리법, 모양, 맛 등 요리 자체의 기본 정보들로 조합한다. 이와 달리 재료나 요리에 대한 비유적이고 상징적인 표현이라든지, 유래와 관련된 정보나 고유명사 등이 활용된다든지 하는 경우도 적지 않다. 전자가 사실형이라면 후자는 함축형이라 할 수 있다.

먼저 사실형 요리명을 살펴보자. 주재료가 무엇인지가 핵심 정보라 할 텐데, 재료를 나타내는 말로 '고기 육(肉 ròu)'자가 단독으로 쓰였다면 이는 중국인이 가장 즐기는 돼지고기를 가리킨다. 소고기나 양고기 등은 '뉴러우(牛肉 niúròu)', '양러우(羊肉 yángròu)' 등으로 그 의미가 분명히 드러나도록 표기한다. '소고기 대파볶음'인 '충바오뉴러우(葱爆牛肉 cōngbào niúròu)'의 경우, 명칭은 주재료인 소고기(牛肉)와 주 양념인 대파(葱) 그리고 센 불에 재빨리 볶아내는 조리법인 '바오(爆)'로 구성되어 있다. '토마토계란볶음'인 '시훙스차오지단(西红柿炒鸡蛋 xīhóngshì chǎo jīdàn)'의 경우, 주재료인 토마토(西红柿)와 계란(鸡蛋) 그리고 조리법인 볶음(炒)으로 구성되어 있다. 이처럼 요리명에 '불 화(火)'자가 들어간 글자가 있다면 그것은 불을 이용한 조리법을 나타내는 것임을 짐작할 수 있다. 조림을 뜻하는 '사오(烧 shāo)', 튀김을 의미하는 '자(炸 zhá)', 구이를 뜻하는 '카오(烤 kǎo)', 찜을 뜻하는 '정(蒸 zhēng)' 등도 자주 접하는 조리법이다.

충바오뉴러우(葱爆牛肉)

시훙스차오지단(西红柿炒鸡蛋)

그런가 하면 재료나 음식의 모양새를 나타내는 글자가 들어가는 경우도 더러 있다. 예를 들어 가느다랗게 썰거나 찢은 채는 '쓰(丝 sī)', 얇고 넓적하게 썬 것은 '펜(片 piàn)', 덩어리로 자른 것은 '콰이(块 kuài)', 깍두기 모양으로 자른 것은 '딩(丁 dīng)', 완자 모양으로 동그랗게 만든 것은 '완(丸 wán)'이나 '추(球 qiú)', 두루마리처럼 만 것은 '쥐안(卷 juǎn)', 굵은 가닥으로 썰거나 빚은 것은 '탸오(条 tiáo)'라 한다. '매콤하고 새콤한 감자채볶음'을 '쏸라투더우쓰(酸辣土豆丝 suānlà tǔdòusī)'라고 한다든지, '굵은 가닥으로 썬 돼지 갈빗살을 튀겨내 후추나 소금에 찍어먹는' 것을 '자오옌파이탸오(椒盐排条 jiāoyán páitiáo)'라고 하는 것 등이 그 좋은 예다.

쏸라투더우쓰(酸辣土豆丝)

자오옌파이탸오(椒盐排条)

함축형에서는 재료에 비유적 별칭을 써서 미화하는 경우가 있다. 예를 들어 닭발을 '봉황의 발(凤爪 fèngzhǎo)'이라고 한다든지 뱀이나 생선을 '용(龙)', 식용개구리를 '밭 닭(田鸡)', 계란을 '계화꽃(木犀, 木须)', 두부를 '백옥(白玉)' 등으로 표현하는 식이다. 쓰촨식 잡채 '마이상수(蚂蚁上树 mǎyǐ shàngshù)'도 마찬가지다. "개미가 나무에 오르다"라는 뜻의 이 이름은 갈아넣은 돼지고기 알갱이들이 당면 가닥과 어우러진 모습을 형용한 것이다.

쯔진장펑자오(紫金酱凤爪)

마이상수(蚂蚁上树)

한편 축복이나 길조의 뜻을 담아 요리 이름을 짓기도 한다. '하늘 사다리(天梯)'라는 뜻을 지닌 돼지갈비 부위를 죽순과 함께 볶은 요리에 "한 걸음 한 걸음 높이 올라간다"는 의미의 '부부가오셩(步步高升 bùbù gāoshēng)'이라는 이름을 붙인 경우가 그러하다. 발채(发菜, 머리카락처럼 생긴 조류식물) 돼지족발 요리는 "순조롭게 돈을 번다"는 의미로 '파차이지우서우(发财就手 fācái jiùshǒu)'라고 한다. 중국어 '발채(发菜 fàcài)'와 '돈을 벌다(发财 fācái)'는 해성 관계다.

부부가오셩(步步高升)

파차이지우서우(发财就手)

발채(发菜)

그밖에 궁바오지딩(宫保鸡丁 gōngbǎo jīdīng)이나 둥포러우(东坡肉 Dōngpōròu)는 요리의 유래와 관련된 대표적인 예로 꼽을 수 있다. 궁바오지딩은 청대 후기 쓰촨성 총독을 지내고 '궁바오(宫保)'라는 고위 명예직함을 얻은 딩바오전(丁宝桢 Dīng Bǎozhēn)이 즐겨먹은 닭고기요리라 하여 붙여진 이름이다. 둥포러우는 유명한 송대 문인 쑤둥포(苏东坡 Sū Dōngpō), 곧 쑤스(苏轼 Sūshì)가 개발한 돼지고기요리라 하여 붙여진 이름이다.

🫖 ③ 뭐부터 먹어야 할까?

중국식 연회의 풀코스는 전채(小菜), 찬요리(凉菜), 뜨거운 요리(热菜), 탕(汤), 주식(主食), 후식의 순서로 구성된다. 이 중 전채와 찬요리는 특별히 구분하지 않거나 전채를 생략하기도 한다. 전채와 탕, 주식, 후식을 제외하고 '428', 곧 찬요리 4가지, 특별요리 2가지, 일반요리 8가지 조합이 가장 전형적인 풀코스다.

식전에 먼저 따뜻한 차를 마시는 경우가 많다. 음식이 나오기를 기다리면서 입안을 깨끗이 하고 위장이 음식을 받아들일 준비를 하는데 도움이 된다. 처음에는 정식 요리가 나오기 전에 애피타이저에 해당하는 가벼운 전채 몇 가지가 나온다. 조리한 땅콩이나 피클, 무침 같은 간단한 반찬이 그것인데, 입맛을 돋우므로 '위장을 열어주는 요리'라는 의미인 카이웨이차이(开胃菜 kāiwèicài)라고도 한다. 그다음 정

❶ 카이웨이차이(开胃菜) ❷ 량차이(凉菜) ❸ 러차이(热菜) ❹ 탕(汤)

식 요리의 첫 부분으로 량차이(凉菜 liángcài, 찬요리) 몇 가지가 한꺼번에 나온다. 이때 술과 음료도 함께 준비되며, 량차이는 술안주로 먹는다.

그다음으로 따뜻한 요리인 러차이(热菜 rècài)가 하나씩 오른다. 식사 분위기를 위해 특별한 요리를 먼저 올리는 것이 상례이나 경우에 따라서는 후반부에 올린다. 따뜻한 음식의 마지막에는 보통 통째로 요리한 생선요리가 나온다. 이는 중국어 특유의 해음(谐音)현상(서로 다른 글자의 독음이 같거나 비슷한 현상) 때문인데, 생선을 뜻하는 '위(鱼 yú)'가 '남다'의 뜻인 '위(余 yú)'와 발음이 같은 것과 관련이 있다. 마지막에 생선, 즉 남음이 있으면 풍요로움이 다하지 않게 된다는 상서로운 기원의 의미가 담겨 있다.

생선 다음에는 탕(汤 tāng)이 나온다. 탕이 나오면 요리는 다 나왔다고 보면 된다. 중국인들은 대개 식사를 모두 마친 다음에 국물을 마신다. 이것은 북방 지역을 중심으로 생겨난 관습이라고 한다. 기름에 튀기

> **🍜 광둥에선 탕이 먼저**
> 중국 동남부의 푸젠, 광둥 지역은 탕요리가 매우 발달되어 있다. 특히 광둥 지역에서는 일반적인 코스요리의 순서와는 다르게 탕이 메인 요리보다 먼저 오르는 경우가 많다.

고 볶는 음식이 많은 중국에서는 탕이 입가심 기능을 한다. 이 때문에 중국식 탕은 식사 후의 느끼함을 없애는 데 초점을 맞춰 요리하며, 대체로 소금을 넣지 않는다. 참고로, 풀코스에서 처음에 나오는 요리는 소금을 평상시 쓰는 만큼 넣고, 뒤따라 나오는 음식에는 그 양을 조금씩 줄여나가는데 손님들은 잘 못 느낀다고 한다.

이른바 주식(主食 zhǔshí) 혹은 뎬신(点心 diǎnxin)류는 이때쯤에야 등장한다. 미리 주문한 면이나 만두, 전병, 볶음밥 등 주식류 가운데 한두 가지가 나오거나 손님에게 원하는 것을 선택하게 하기도 한다. 중국의 연회석에서 주식은 이처럼 요리를 다 먹고 마지막에 먹는 것으로 배가 부르면 생략하기도 한다. 우리와는 주식 개념이 다른 것이다. 참고로 중국의 정식 연회석상에서는 보통 쌀밥을 주식으로 올리지 않는다. 너무 평범한 주식인 까닭이다. 물론 중국인의 일상 식사에서는 쌀밥이나 분식 등 주식이 우리와 마찬가지로 여전히 중요한 위치를 차지한다. 주식 다음에는 단맛이 나는 디저트류 음식이 따르고 마지막은 과일로 마무리한다. 또 식전과 마찬가지로 식후에도 입가심으로 차를 마시기도 한다.

뎬신(点心)

 ④ 어떻게 먹어야 할까?

연회석에 자리를 잡고 앉으면 자리마다 준비된 개인용 식기와 뜨거운 물수건이 제공되곤 한다. 물수건의 용도는 손을 닦는 것이므로 얼굴은 닦지 않도록 한다. 경우에 따라서는 식사하기 전에 개인용 식기를 찻물로 씻기도 한다. 특히 광둥 지역에서 그렇게 한다. 우선 차를 주문하고 처음 받은 찻주전자의 뜨거운 물을 자기 찻잔 안에 젓가락을 세워 흘려 씻어 내린 다음 숟가락, 공기, 접시 등의 순으로 헹구고 물을 버리는 그릇에 따라 버린다. 원래 먼지가 많은 길가에서 식사할 때 하던 습관인데, 깨끗한 실내 음식점에서 식사할 때도 관습으로 남아 있다. 근래에 중간 정도 수준의 식당에서는 위생적으로 처리하여 비닐로 포장한 개인용 식기 세트를 제공하는 경우도 많다. 사스(SARS)와 같은 바이러스성 감염병이 유행한 이후에 나타난 현상이다.

손님은 주인이 먼저 젓가락을 잡고 식사를 권한 다음 젓가락을 사용하는 것이 예의다. 새 요리가 나오면 상석에서부터 먼저 먹게 마련인데, 이때 주인이 주빈에게 젓가락으로 음식을 집어주는 풍습이 있다. 이는 호의를 베푸는 것이니 좋아하지 않는 음식이라도 흔쾌히 받는 것이 좋다. 다만 음식을 받을 때는 그릇을 들어 받지 않고 그릇 위에 요리를 놓을 때까지 기다린다.

연회용 테이블에는 보통 회전판이 있는데, 회전 방향은 주빈을 기준으로 왼쪽, 곧 시계 방향이다. 회전판을 돌릴 때는 다른 사람이 음식을 집고 있는지, 식기들이 서로 부딪치지 않는지 살피면서 천천히 돌려야 한다. 음식을 집을 때는 자기 접시에서 먼 곳에 있는 요리를 무리하게 가져오지 않는다. 회전판 위의 음식이 자기 앞쪽에 왔을 때 음식의 가장자리부터 집는다. 좋아하는 음식이라고 해서 지나치게 많이 담지 않도록 한다. 또 개인 접시에 음식을 너무 많이 가져다놓으면 안 된다. 반대로 좋아하지 않는 음식이 나오더라도 준비된 음식에는 적어도 한 번씩 손을 대는 것이 예의다. 요리가 새로 나오면 자신이 집고 나서 회전판을 다음 사람 쪽으로 돌려주는 것이 좋다.

중국인은 식사할 때 젓가락을 주로 사용한다. 숟가락은 탕이나 죽을 '마실' 때만 사용한다. 물론 젓가락으로 집기 힘든 음식은 숟가락을 보조 도구로 사용해도 된다. 중국인은 쌀밥을 먹을 때도 젓가락을 쓰다 보니 한 손으로 공기를 들어 입에 가까이 대고 먹는 경우도 많다. 젓가락을 쓰지 않고 내려놓을 때는 개인 접시나 받침 위에 걸쳐놓는다. 그밖에 젓가락을 밥그릇에 꽂아두거나 가로질러 올려놓는 것은 장례나 제사를 연상케 해서 금기시한다. 숟가락의 경우 식사를 마친 다음에는 엎어놓기도 한다. 이는 사용하고 난 수저를 남에게 보이지 않는 것을 예의로 여기는 까닭이다.

한편 손님은 접시에 늘 음식이 조금 남아 있을 정도로 먹고 있는 것이 좋다. 음식을 남기면 안 된다는 생각에 다 먹어버리면 초대한 사람이 준비한 음식이 부족하다고 착각할 수 있기 때문이다. 개인 식기는 될 수 있으면 깨끗하게 사용하는 것이 좋으며 회전판 위에는 올려놓지 않는다. 뼈라든지 음식 찌꺼기를 처리할 때는 입으로 직접 뱉거나 테이블 위에 버려놓지 않고 젓가락으로 조심스럽게 집어내 접시 앞쪽에 놓아둔다. 찌꺼기가 쌓이면 종업원이 접시를 새것으로 바꿔준다.

음식을 먹는 도중에는 맛있다고 칭찬하는 것이 좋으며, 정치 이야기 같은 민감한 화제나 무거운 사업 이야기는 피한다. 식사는 즐겁게 하되 손님으로서 주인보다 말을 더 많이 하며 대화를 주도하는 것은 바람직하지 않다. 음식을 먹을 때 후루룩거리거나 쩝쩝 소리를 내며 먹거나 입안에 음식이 든 채 말하는 일도 물론 삼가야 한다.

주인은 손님이 식사를 다 하기 전에 먼저 식사를 빨리 마쳐서는 안 된다. 주인은 보통 손님을 배려하여 가장 마지막까지 천천히 식사한다. 식사를 마칠 때는 주인이 마지막으로 정리하는 말을 한두 마디 하며, 이로써 정식으로 식사가 끝난다. 그런 다음 주인은 출입구 앞에서 손님에게 한 사람씩 인사하며 전송한다. 이때 손님도 주인에게 다시 한번 감사의 마음을 표하며 인사를 나눈다.

> **🍴 숟가락을 중국어로?**
> 중국어에서 숟가락을 북방에서는 샤오쯔(勺子 sháozi), 남방에서는 탕츠(汤匙 tāngchí) 또는 탸오겅(调羹 tiáogēng)이라 부른다. 북방 음식점에서 종업원에게 탕츠를 달라고 하면 못 알아듣는 경우가 많다. 이처럼 중국에서는 남·북방, 또는 지역별로 주로 쓰는 어휘가 다른 경우들이 종종 있다.

❶ 중국 수저 사용의 역사

중국에서 수저를 사용한 역사는 매우 오래되었다. 숟가락은 약 8,000년 전부터 이미 사용된 것으로 보며, 중국에서 발명된 젓가락은 늦어도 3,000여 년 전부터는 쓰인 것으로 확인된다. 물론 수저가 생겨난 뒤에도 보편적으로 사용되기 전까지는 손으로 음식을 먹거나 포크 형태의 식기를 쓰는 습관도 있었다. 젓가락은 대략 한대에는 보편적으로 사용한 것으로 보이며 한국, 일본, 베트남 등 한자문화권을 중심으로 주변 국가와 다른 민족에도 전파되었다.

이후 당대까지는 중국도 지금의 우리처럼 숟가락과 젓가락을 함께 사용했다. 밥과 국을 먹을 때는 숟가락을, 반찬을 집을 때는 젓가락을 사용한 것이다. 그러던 것이 송대 이후로는 젓가락 위주의 식사 방식으로 점차 바뀌었다. 이 같은 변화는 도시가 발달하면서 가느다란 국수가 남방에서 북상하여 대중적 음식으로 자리 잡게 된 것과 관련이 있을 것으로 추정한다. 수저를 함께 쓰다가 젓가락 위주로 바뀐 것은 일본도 마찬가지다.

젓가락은 본래 '저(箸)'라고 했다. 그러나 후대에 와서 '저'의 발음이 '멈춘다'는 뜻의 '주(住 zhù)'와 같아 꺼리게 되면서 '빠르다'를 나타내는 '콰이(快 kuài)'와 명사화 접미사 '쯔(子 zi)'의 결합 형태인 '콰이쯔(快子 kuàizi)'라고 고쳐 부르게 되었다. 그런데 '콰이쯔'는 결혼해서 아들(子)을 빨리(快) 낳기 바라는 상징적 의미도 있어서 전통혼례에서 젓가락이 신부 쪽에서 신랑에게 보내는 혼수 품목의 하나가 되기도 했다. 명대

에 들어와서는 '빠를 쾌(快)'자 위에 대죽머리(竹)를 더하여 지금과 같은 '콰이쯔(筷子)'라고 고쳐 쓰기 시작했다.

중국식 젓가락은 대체로 대나무를 비롯한 나무나 뿔 재질로 많이 만들며 우리나라 것보다 길고 뭉툭하다. 중국 젓가락이 굵고 긴 것은 음식을 만들 때 재료를 튀기거나 볶는 일이 많기 때문이라고 한다. 물론 길이가 긴 것은 큰 식탁에 여러 사람이 함께 둘러앉아 먹다 보니 멀리 놓인 음식을 집기 편하게 하려는 면도 있다. 이에 비해 일본 젓가락은 나무 재질 위주라는 점에서는 유사하면서도 길이가 짧고 끝이 뾰족하다는 차이점이 있다. 이는 1인분씩 차려지는 분찬제(分餐制)가 기본인 것과 더불어 작은 음식을 집거나 생선을 발라내기에 더 편하기 때문이다. 한국 젓가락은 길이는 일본과 비슷하지만 금속 재질을 주로 사용하고 얇고 편평하다는 점에서 중일 양국과 확연히 구별된다.

❷ 개인용 식기의 구성과 용도

중국의 일반 음식점에서 제공하는 개인용 식기로는 찻잔과 공기(碗 wǎn), 접시(盘子 pánzi), 젓가락, 숟가락(勺子 sháozi 또는 汤匙 tāngchí) 등이 가장 기본적이다. 더 갖춰져 제공되는 경우 물잔, 술잔, 수저받침대, 받침용 접시, 양념그릇, 국그릇 등이 추가되기도 한다. 개인 접시는 하나만 제공될 경우 기본적으로 퇴식 기능을 하는 이른바 골접(骨碟 gǔdié)이다. 고급 음식점에서는 접시 아래에 더 큰 접시가 받쳐져 나오기도 하는데, 이는 장식에 가까운 받침용이고 위의 것이 골접이다. 그러다 보니 많은 중국인, 특히 남방인은 접시보다는 공기에 음식을 덜어 먹는다. 접시에 요리를 가져다 먹는다고 문제될 것은 없으며, 찌꺼기는 접시 앞쪽에 모아두면 된다. 받침용 접시가 따로 있는 경우, 위의 접시에 음식을 갖다 먹고 아래쪽 접시를 퇴식용으로 쓰는 중국인도 적지 않다. 이처럼 접시의 기능이 다소 모호하지만, 중국은 식기 사용에서 서양처럼 격식이 엄격하지 않으므로 크게 신경 쓸 필요는 없다. 그래도 신경이 쓰인다면 함께 자리한 중국인들이 어떻게 하는지 눈여겨보고 따라 하는 것도 좋은 방법이다.

🫖 5 술은 잘 마셔야 한다

　　중국에는 "술 없이는 예를 갖출 수 없다(无酒不成礼)", "술이 없으면 연회가 아니다(无酒不成席)"와 같은 속담이 있다. 더욱이 술(酒 jiǔ)은 중국어로 '영원하다'라는 뜻의 오랠 구(久 jiǔ)자와 발음이 같아서 좋은 관계가 지속되기를 바라는 의미도 담을 수 있다. 그만큼 중요한 식사자리에 술은 빠지지 않는다. 따라서 중국에서는 식사자리가 곧 술자리이기도 하다. 중요한 식사자리에는 보통 도수가 높은 중국술, 곧 바이주(白酒 báijiǔ)가 오른다. 중국에는 "먼저 술을 마시고 나서 식사를 하는(先酒后饭)" 풍속이 있

는데, 바이주가 도수가 높다 보니 분위기를 금세 흥겹게 만들어주는 까닭이다. 물론 도수가 낮은 술이나 음료수를 같이 준비해서 손님의 상황이나 취향에 맞춰 선택하게 하는 경우도 있다. 근래에는 포도주 같은 도수가 낮은 과실주를 연회주로 쓰는 경우도 늘고 있다.

　　연회에서는 보통 찬요리가 나오면 주인이 건배를 제의하면서 정식으로 식사가 시작된다. 정식으로 건배할 때는 모두 자리에서 일어난다. 건배 제의가 있었다고 해서 꼭 잔을 비워야 하는 것은 아니다. 자기 주량이나 분위기에 맞춰 마시면 된다. 하지만 초대자 측은 일반적으로 손님을 만족시키고 흥을 돋우려고 거듭 술을 권하곤 한다. 주인이 손님, 특히 주빈에게 술을 권하는 것은 통상 석 잔까지다. "세 번은 권하는 것이 예의(无三不成礼)"라는 관념 때문이다. 주인이 요리가 나올 때마다 손님에게 술을 권하는데 세 번까지 권하는 것이다. 그다음 호스트를 보조하는 푸페이가 두 잔 혹은 석 잔까지 권한다. 그러고 나서야 주빈이 답례 차원에서 주인 측 사람들에게 술을 권하는 것이 일반적인 예의다. 손님이 주인에게 술을 권하지 않는 것은 실례이며, 손님이 자리를 주도하며 술을 권하는 것도 큰 결례다. 주빈이 답례로 술을 권한 뒤로는 나머지 사람들이 윗사람이나 서로에게 권한다.

🍽 **술은 가득, 차는 7할만**

중국에서는 '차는 적게, 술은 가득(浅茶满酒)'이라 하여 술은 술잔에 가득 따라주는 것이 좋지만, 차는 7할 정도만 따라주는 것이 예이다. '차를 가득 따르면 상대방을 업신여기는 것(茶满欺人)'으로 보는 관념이 있으니 주의하자.

자리에 있는 모두를 대상으로 하는 건배 제의와 달리 개별적으로 술을 권하는 것은 '징주(敬酒 jìngjiǔ)'라고 한다. 이것은 단순히 술을 권하기보다 상대방에게 직접 다가가 인사말을 건네며 예를 표하는 행위다. 그러다 보니 여러 사람이 한 사람에게 술을 권하는 것은 괜찮아도 한 사람이 여러 사람에게 동시에 권하지 않는 것이 예의다. 술을 권할 때는 통상 권하는 사람과 상대방 모두 자리에서 일어난다. 이때는 술잔을 두 손으로 드는데, 왼손바닥으로 술잔을 받든 채 권하는 것이 정식이다. 아랫사람이 윗사람과 잔을 부딪칠 때는 술잔 높이를 윗사람보다 낮게 한다. 주인이 손님에게 경의를 표할 때도 마찬가지로 자기 잔의 위치를 낮춘다.

🍴 손가락 답례 고지례(叩指礼)의 기원

청대에 건륭제가 평복 차림으로 비밀리에 신하를 데리고 남방에 내려갔다가 한 찻집에서 차를 마시게 되었다. 이때 황제가 직접 신하에게 차를 따라주자 신하는 황공하여 엎드려 절이라도 하고 싶었지만 남에게 알려질까 두려워 임기응변으로 검지와 중지를 머리 삼아 절을 했다. 이후 중국에서는 다른 사람이 자신에게 차나 술을 따라주면 손가락을 구부리고 두어 번 두드려 감사를 표하는 풍습이 생기게 되었다고 한다.

술을 권할 때는 상대방에 대한 존중과 배려 차원에서 종종 자신은 잔을 다 비우고 상대방은 마실 만큼만 마시도록 하곤 "我干了，您随意(Wǒ gān le, nín suíyì, 저는 잔을 비울 테니 당신은 원하는 만큼만 드세요)"라고 말한다. 그러나 중국의 술자리에서는 이렇게 개별적으로 잔을 부딪치면 한입에 잔을 다 비우는 것이 예의다. 윗사람 앞에서 마실 때라도 한국에서처럼 고개를 옆으로 돌릴 필요는 없다. 다 마시고 나면 다시 한 번 서로 바라보는데, 이때 자기 잔이 비었음을 상대방에게 보여주기도 한다.

손님과 건배할 때 상대방이 잔을 비우며 통쾌히 마시면 주인도 기분이 좋아져서 연회 분위기가 한층 더 고조되며, 이는 이날의 초대가 성공한 것을 의미한다. 따라서 주

인 측에서 술을 권했을 때는 거절하지 않는 것이 예의이며, 정 술을 마시지 못하면 미리 양해를 구하고 음료나 차 등으로 대신하는 것이 좋다. 이 경우 일반적으로 "以茶代酒(yǐchá dàijiǔ, 차로 술을 대신하겠습니다)"라고 양해를 구하는 것이 예의다. 부득이한 경우 자기가 마시지 못하는 술을 자

🍽 계산하기

중국 음식점에서 계산
할 때는 보통 한국에
서처럼 직접 계산
대까지 가서 돈을
내지 않는다. 앞
은 자리에서 종업

마이단(买单)

원을 불러 '마이단(买单 mǎidān)' 또는
'제장(结帐 jiézhàng)'이라고 하면 계산서
가 담긴 접시(또는 계산서를 넣은 하드커버)
를 가져다준다. 그러면 계산서를 확인해보
고 이상이 없으면 그 접시나 커버에 현금이
나 신용카드를 넣어주면 종업원이 직접 계
산대에 가지고 가서 계산한다. 신용카드와
영수증, 거스름돈은 종업원이 다시 접시나
커버에 담아 가져다준다. 현금으로 계산했
을 때는 적당한 금액을 팁으로 남겨놓고 나
가는 것이 예의다. 다만, 귀한 손님을 접대
하는 자리라면 계산은 대개 초대자 측에서
손님 몰래 조용히 처리한다. 최근에는 이른
바 핀테크의 발전으로 모바일 결제가 빠르
게 보급되면서 음식점에서 계산하는 풍경
도 변하고 있다. 계산 또한 다른 사람이 어
떻게 하는지 지켜본 후 따라 하면 된다.

웨이신즈푸(微信支付)

즈푸바오(支付宝)

신과 가까운 다른 사람이 대신 마셔주도록 하는 것도 가능
하다.

건배할 때 상대방에게 꼭 다가갈 필요가 없거나 그럴
형편이 못 되는 상황에서는 제자리에서 왼손바닥으로 잔
밑을 받쳐 들면서 고개를 가볍게 숙여 예를 표하면 된다.
또 잔을 탁자에 가볍게 부딪치며 마음을 전한다는 뜻으
로 '궈뎬(过电 guòdiàn, 전기를 통하다)' 또는 '상왕(上网
shàngwǎng, 인터넷으로 접속하다)'이라고 하는 방식도 있다.
그러나 이런 방식은 주로 친숙한 사이의 편안한 자리에서
많이 쓰며, 나이든 사람보다는 젊은 사람이 흔히 하는 편
이다. 여하튼 중국인은 술자리에서 대개 혼자서만 마시지
않아서 꼭 술을 권하며 함께 마신다. 아울러 술잔은 각자
자기 잔만 사용하며 잔을 돌리지 않는다.

중국인에게는 손님이 기분 좋게 취해야 잘 접대했다는
관념이 있다. 손님을 잘 접대해야 하는데 자기 주량이 세
지 않으면 술이 센 지인을 특별히 청해 손님을 모시기도
한다. 더욱이 한국인은 술을 잘 마신다는 인식이 있어 한
국인을 접대하는 자리에서는 술을 많이 권하는 경향이 있
다. 술을 어느 정도 마실 수 있다면 주인의 성의와 체면을
고려해서 분위기에 맞게 적절히 마시면서 서로 즐거운 자
리를 만드는 것이 좋다.

다만 크게 취하지 않도록 주의해야 한다. 중국 연회에서
는 도수가 높은 술을 많이 쓰는데다 중국 특유의 적극적
인 권주문화로 술에 취하기가 쉽기 때문이다. 더욱이 술
취하는 것에 비교적 관용적인 한국에서처럼 편하게 생각
하다가 자칫 도를 넘어 실수할 위험이 있다. 그러나 중국

인은 연회자리에서 취하는 것을 예의 없거나 존경받지 못하는 행동으로 여겨 여간해서는 절대 취하지 않는다. 이를 중국인의 자기방위를 위한 강한 절제의식에 따른 것으로 설명하는 이들도 있다. 그나마 다행인 것은 중국에서는 한국에서처럼 2차, 3차로 자리를 옮겨 다니는 일은 매우 드물다는 점이다. 그만큼 오랜 시간 술을 마시거나 여러 가지 술을 섞어서 마셔 취할 위험은 적다.

술 따르기

우리는 술잔을 다 비웠을 때 따라주는 것이 예의이나 중국은 거꾸로 잔이 비어 있지 않도록 따라주는 것이 예의다. 중국인은 잔에 담긴 물은 재물을 상징한다고 생각한다. 그래서인지 예부터 술은 가득 따르는 것이라는 관념이 있다. 일부 지역에서는 손님에게 술을 따를 때 넘치게 따라 경의를 표하기도 한다. 하지만 바이주는 술잔의 8할 정도만 따르는 것이 적당하다. 너무 가득 따르면 잔을 들 때 흘리기 쉬운 까닭이다.

상대방이 서서 술을 따라줄 때는 일어나서 받는 것이 예의이고, 앉아서 받을 때는 두 손으로 받으면 된다. 앉아서 받을 때는 고지례(叩指礼 kòuzhǐlǐ)라고 하는 중국식 감사표시를 하는 것도 좋다. 윗사람에게는 오른손 주먹을 가볍게 말아 쥔 채 식탁을 가볍게 세 번 두드려 감사를 표한다. 서로 지위가 비슷하다면 검지와 중지로 식탁을 세 번 두드린다. 아랫사람에게는 식지나 중지로 한두 번 두드려주면 된다. 다만 종업원이 따라줄 때 따르기 전에 식탁을 두드리면 사양한다고 생각해서 따라주지 않기도 한다.

04

신이 내린 먹거리 차(茶)

🫖 중국차의 유래와 발전

1) 중국차의 기원

　중국음식을 먹고 난 후 중국차를 곁들이면 금상첨화의 풍미를 느낄 수 있다. 이는 아마도 중국차 특유의 향이 기름진 중국음식의 느끼함을 제거해주기 때문일 것이다. 중국인이 차를 마시기 시작한 역사적 기록은 신석기시대인 기원전 2700년경 신농 황제까지 거슬러 올라간다. 전설에 따르면 신농 황제가 병에 걸렸을 때 찻잎 몇 장이 우연히 그의 탕약에 떨어져 그것을 먹고 나서 병을 고쳤다고 한다. 이후 신농 황제는 이 식물을 차(茶)라고 이름 붙이고 이를 먹도록 널리 권장했다고 한다. 그러나 처음부터 차를 음료 방식으로 마신 것은 아니다. 처음에는 약용으로 찻잎을 씹어 섭취한 것으로 보인다. 이런 연유로 처음에는 '갈차(喝茶 hēchá, 차를 마시다)'라고 하지 않고 '흘차(吃茶 chīchá, 차를 먹다, 고대에 '여자가 남자의 청혼을 받아들인다'는 의미로 사용되기도 함)'라고 표현한 것으로 보인다. 차를 음용 방식으로 마신 최초 기록은 전한(前汉)시기인 기원전 59년 왕포(王褒)라는 선비가 만든 노예매매 계약서인 「동약(僮约)」에 나온다. 여기에는 집안의 노비가 해야 할 일이 적혀 있는데, 차를 사오고 손님이 오면 이를 달여서 대접하는 일이 적혀 있다. 이것으로 중국에서는 차를 달여 마시는 풍습이 전한시기에 이미 있었음을 알 수 있다.

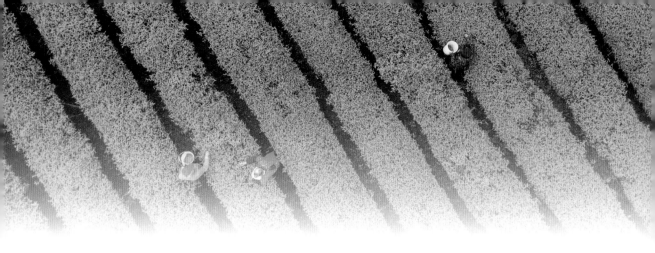

2) 중국차의 변화와 발전

중국에서 처음 차나무를 재배해 차를 마신 장소는 어디일까? 어떤 이는 원난성(云南省 Yúnnánshěng)에서 처음으로 차나무를 재배했다고 주장하고, 어떤 이는 서남(西南) 지역에서 처음 재배했다고 주장하기도 하지만, 대체로 쓰촨 지역에서 차나무를 재배하기 시작한 것으로 본다. 청대의 저명한 고증학자 고염무(顾炎武)는 『일지록(日知录)』에서 춘추전국시대 "진나라가 촉 지역을 취한 후 비로소 중원에서 차를 마시기 시작했다"라고 했다. 촉은 현재의 쓰촨 지역에 해당한다. 지금도 쓰촨 지역 사람들은 스스로 차문화의 본산지로 여기며 광범위하게 차를 즐긴다.

읽을거리

신농씨 기원설

신농(神农)은 "소의 머리에 사람의 몸을 하고 있었다. 세 살에 농사의 이치를 깨달았으며 성장한 후 키는 8척 7촌이었고 용의 얼굴에 입술이 컸다"라고 묘사되는 전설상의 인물이다. 그러므로 차의 신농씨 기원설은 역사라기보다는 전설이라고 보아야 한다. 전설에 따르면 기원전 2737년에 신농은 100가지 풀을 맛보고 있었는데, 데리고 다니던 장서(獐鼠, 노루와 쥐)가 파두(巴豆, 독성이 강해 설사를 일으키는 콩의 일종)를 먹고 설사병에 걸렸다고 한다. 다행히 장서는 어떤 나무의 잎에서 떨어지는 이슬을 먹고 독이 해독되어 다음 날 건강이 회복되었다고 하는데, 이것이 차나무였다는 것이 전설의 요지다.

또 다른 전설에 따르면 신농이 우연히 끓는 물에 떨어져 우러난 찻잎의 맛을 보고 차를 처음 알게 되었다고도 한다. 이런 전설은 후대로 오면서 역사의 옷을 걸치게 되는데, 중국인이 신농씨의 시대라고 주장하는 때부터 3,000년도 더 흐른 뒤에 발간된 『신농본초경(神农本草经)』에는 "신농이 인간에게 유익한 양식과 약초를 찾고자 100가지 풀을 맛보다가 하루는 그만 72가지 독에 중독되었는데 차나무 잎을 먹어서 그 독을 풀었다"라고 기록되어 있다. 비록 학술적 의미는 찾기 어려우나 차가 그만큼 오래된 음료이자 해독작용이 뛰어난 음료로 받아들여졌음을 짐작할 수 있다.

『삼국지』도입 부분에는 유비가 어머니를 위해 차를 구입하는 장면이 나온다. 당시 차는 귀족이나 즐기는 매우 비싼 물건이었기에, 유비는 자기 보검을 팔아 차를 사고 또한 어머니는 귀한 물건이었기에 조상에게 먼저 제사를 올리고 마셔야 한다고 했다. 이로써 후한(后汉)·삼국시기에는 차를 일부 귀족을 중심으로 제한적으로 마신 것으로 이해할 수 있다. 이후 남북조시기에 불교가 성행하면서 승려들 사이에서 차를 마시는 습관이 널리 퍼지게 되었다. 물론 이러한 습관은 민간에까지 영향을 주었고 차를 마시는 문화는 그 바로 뒤의 당대에 이르러 본격적으로 성행했다.

당대에 이르러 중국의 차문화는 비약적으로 발전한다. 그 발전 양상은 이론과 실제에서 모두 찾아볼 수 있다. 중국 차문화의 집대성이라고 할 『다경(茶经)』이 바로 이 시기에 등장했다. 차의 '바이블'이라는 뜻의 『다경』은 차의 성인으로 칭송받는 육우(陆羽)가 완성했다. 『다경』에는 차의 종류, 차 달이는 법, 차기구의 종류, 차 마시는 법 등에 대한 이론이 모두 담겨 있다. 또 이 시기에는 귀족에서 서민에 이르기까지 폭넓게 차를 즐기게 되었으며, 중국에서뿐만 아니라 티베트와 위구르에 이르는 먼 지역까지 차문화가 확대되었다.

다만 이 시기에는 지금처럼 예차(叶茶 yèchá, 엽차) 형태로 차를 마신 것이 아니라 젠차(煎茶 jiānchá) 형태로 마셨다. 즉 차를 압축하여 떡 모양으로 빙차(饼茶 bǐngchá)를 만든 다음 약한 불에 덖은 뒤 맷돌로 갈아 체로 치고 물에 넣어 끓여서 우려내 마셨다. 『다경』에는 "생강이나 파, 소금 등을 차와 함께 끓여 마신다"라는 기록이 보이기도 한다.

예차(叶茶)　　　　젠차(煎茶)　　　　빙차(饼茶)

송대에 이르러 중국의 차문화는 대중 속으로 더욱 깊숙이 스며든다. 송대에는 기본적으로 상업이 발전하고 이를 바탕으로 도시와 시장문화가 발달했다. 서민들도 시장에서 각종 먹거리와 오락을 즐기게 되었으며, 이에 차문화도 자연스럽게 널리 발전했다. 차를 마시는 방법도 더욱 발전하여 이른바 뎬차(点茶 diǎnchá)█ 방식이 크게 유행한다. 이 방식은 먼저 빙차를 덖어서 기구를 사용해 분말 형태인 모차(抹茶 mòchá)를 만들고, 이를 다시 찻잔에 넣고 뜨거운 물을 부은 다음 차셴(茶筅 cháxiǎn, 대나무로 만든 작은 체)으로 돌려가며 분말차를 용해해 거품 모양으로 만들어 마시는 방법이다. 당대의 젠차(煎茶) 방법과 다른 점은 물에 넣어 끓이지 않으며, 소금 등을 첨가하지 않고 천연 그대로 맛과 향기를 느낀다는 점이다. 이러한 뎬차 방식은 일본으로 전래되어 지금도 일본에서 유행하는 말차법(抹茶法)이 되기도 했다.

🍴 뎬차(点茶) 방식

❶❷❸ 따뜻한 물에 분말형태의 모차(抹茶)를 넣고 다시 물을 붓는다.

❹❺❻ 차셴(茶筅)으로 섞으면서 거품이 나도록 한다.

명대에 이르러 드디어 현재와 같은 녹차(綠茶) 제조법이 등장한다. 즉 찻잎을 뜨거운 솥에 덖어내 예차(叶茶) 형태를 유지하는 '산차(散茶)'가 유행하게 된 것이다. 차를 우려내는 방법도 물에 넣고 끓이는 것이 아니라 엽차를 찻잔에 넣은 후 뜨거운 물을 부어 우려내는 현재 방식이 유행하게 된다. 이것은 중국 차문화 역사에서 중대한 전환점이 되었다. 이후 이러한 산차 방식은 차를 즐기는 가장 주요한

뎬차(点茶)

방식으로 자리 잡아 현재에 이르고 있다. 그리고 명대에 처음으로 중국차가 인도와 아라비아반도, 유럽으로 수출되었으며, 서양에서는 차를 티(Tea)라고 부르기 시작했다.

청대에 이르러서는 명대보다 차문화가 더욱 성행하여 사대부와 민간을 가리지 않고 크게 유행했다. 이 시기에 이르러 곳곳에서 여러 명차(名茶)가 등장했으며, 특히 반(半)발효차인 우룽차(乌龙茶 wūlóngchá)와 발효차인 홍차(紅茶)가 발명되고, 백차(白茶)도 함께 등장했다. 이로써 현재의 각종 차 종류는 대체로 이 시기에 이미 그 모습을 온전히 갖추게 된다.

산차(散茶)

우룽차(乌龙茶)

홍차(紅茶)

백차(白茶)

🫖 차나무와 찻잎의 특색

우리나라에서는 차라고 하면 흔히 홍차, 녹차를 비롯하여 보리차, 옥수수차, 둥굴레차 등을 떠올리기 쉽다. 그러나 중국에서는 차나무에서 딴 찻잎으로 만든 것만을 '차'라고 해야 한다. 차나무는 카멜리아(Camellia, 동백나무속, 차나무의 공식 학명은 '카멜리아 시넨시스Camellia sinensis'임)로 불리는데, 그 잎은 타원형에서 창처럼 뾰족한 것까지 다양하다. 진녹색에 표면이 반들반들하며 가장자리에 미세한 톱니가 있다. 품종이 다양한 차나무의 잎 두께는 원산지의 해발고도에 따라 달라지는데, 대체로 높은 곳에서 자랄수록 잎이 얇다. 그리고 잎이 얇을수록 차 품질이 높은 것으로 평가된다. 나무 자체의 수명은 수십 년 이상이며 어떤 것은 수백 년에 이른다. 다년생인 차나무는 1년 내내 새잎이 난다. 어떤 것은 1년에 새순이 네 번 나기도 하고, 어떤 것은 열흘마다 새순이 나기도 한다. 그러나 중국의 최고급 녹차는 1년에 단 한 번 초봄에 따기도 한다.

차나무와 찻잎을 따는 모습

중국차의 주요 성분은 정신을 맑게 하는 카페인과 카테킨(Catechin), 테아닌(아미노산), 비타민, 미네랄 등이다. 이 가운데 카테킨은 폴리페놀의 일종으로 항암, 항산화, 혈압억제, 항균, 소염 등의 작용을 한다. 이것은 또한 녹차 특유의 떫은맛을 내는데, 기름진 중국음식을 먹은 뒤 중국차를 마시면 느끼함이 사라지는 것도 카테킨 덕분이다.

읽을거리

'차'라는 명칭의 유래

오늘날 차를 지칭하는 세계 각국의 말은 원래 중국 광둥(广东)어인 차(ch'a)와 푸젠(福建)어인 테(te) 두 계보에 따라 나뉜다. 광둥어의 'ch'a'에 속하는 것은 한국어와 일본어의 '차', 포르투갈어와 페르시아어의 샤(cha) 등이 있다. 한편 푸젠어 테(te)에 따르는 것은 네덜란드어 'thee', 독일어 'tee', 영어 'tea', 프랑스어 'th'e' 등이다. 이렇듯 '차'의 명칭이 둘로 나뉜 것은 전해진 경로가 육로 혹은 해로로 나뉜 데서 기인한다. 즉 광둥어계의 'ch'a'는 육로로, 푸젠어계의 'te'는 해상무역을 한 네덜란드를 거쳐 유럽 여러 나라로 전해졌기 때문이다.

3 중국차의 종류와 특색

중국차는 보통 찻잎이나 우려낸 찻물의 색 혹은 발효 유무나 그 정도에 따라 나눈다. 참고로 찻잎에는 미생물이 없는 대신 폴리페놀 성분이 산화효소(폴리페놀 옥시디아제)에 의해 엽록소가 황색과 홍색으로 변하며 독특한 향과 맛을 내는데 이를 '발효'라고 하긴 어렵다. 따라서 '산화'라는 표현이 더 적절하지만 흔히 발효라고 한다. 일반적인 중국차 분류법은 다음과 같다.

6대 분류	녹차	백차	청차	황차	홍차	흑차
발효정도	불(不)발효차	반(半)발효차			완전발효	후(后)발효차
대표적인 차	시후룽징(西湖龙井), 둥팅비뤄춘(洞庭碧螺春), 황산마오펑(黄山毛峰)	바이하오인전(白毫银针), 바이무단(白牡丹), 서우메이(寿眉)	안시톄관인(安溪铁观音), 우이옌차(武夷岩茶), 다훙파오(大红袍)	쥔산인전(君山银针), 멍딩황야(蒙顶黄芽)	치먼훙차(祁门红茶), 정산샤오중(正山小种), 진쥔메이(金骏眉)	푸얼성차(普洱生茶), 푸얼수차(普洱熟茶), 푸얼퉈차(普洱沱茶)

1) 녹차(绿茶 lǜchá)

녹차는 찻잎이 녹색이고 우려낸 찻물 역시 녹색을 띤다. 천연 그대로에 가장 근접한 차로 중국차 생산량의 약 70%를 차지하며 중국인이 제일 애호하는 차다. 녹차를 만들려면 가마솥을 이용하여 뜨거운 불에서 덖음을 한다. 이러한 작업을 '살청(杀青)'이라고 하는데, 이렇게 하면 찻잎 속의 산화효소를 없애 산화(발효)가 일어나지 않아 처음의 맛과 향을 오래 유지할 수 있다. 물론 발효를 전혀 하지 않았으므로 불발효차라고 한다.

녹차는 성질이 차가워서 여름에 마시기에 적합하다. 중국에서는 일반적으로 긴 유리잔에 찻잎을 넣고 뜨거운 물을 부어 우려내어 마신다. 다만 물의 온도가 중요한데, 너무 뜨거운 물에 녹차를 우리면 비타민이 파괴되고 쓴맛이

나므로 71~85도에 맞추는 것이 좋다.

대표 녹차로는 시후룽징(西湖龙井 Xīhú Lóngjǐng), 둥팅비뤄춘(洞庭碧螺春 Dòngtíng Bìluóchūn), 황산마오펑(黄山毛峰 Huángshān Máofēng) 등이 있다.

시후룽징(西湖龙井)　　　둥팅비뤄춘(洞庭碧螺春)　　　황산마오펑(黄山毛峰)

2) 백차(白茶 báichá)

백차는 자연발효로 만들어지는 이른바 '자연발효차'다. 찻잎을 따서 시들게 한 후 말려서 만드는데, 찻잎을 비비는 '유념' 과정이 없어 찻잎에 솜털이 그대로 남아 있는 경우가 많다. 2010년경부터 베이징에서는 백차를 장기간 숙성해서 마시는 것이 유행하고 있다. "1년이면 차, 3년이면 약, 7년이면 보물"이라는 말이 유행하면서 백차를 오랫동안 숙성시킬수록 비싼 값에 팔린다. 특히 '3년이면 약'이라는 말은 백차가 몸의 허열(虚热)을 제거하는 해열작용이 있는 것과 관련이 있다. 실제로 백차는 이뇨작용이나 해열작용이 뛰어나 약재로 사용되기도 했다. 특히 위장의 열을 내려서 위열로 인한 종양에 도움이 된다. 녹차보다 더 차가운 성질을 띠어 더운 여름에 마시기에 적합하다.

바이하오인전(白毫银针)

일반적으로 뚜껑이 있는 찻잔인 '가이완(盖碗 gàiwǎn)'으로 마신다. 녹차보다 다소 오래 우려내는데, 차에 따라 1~5분 우려내어 마신다. 물의 온도는 85~93도가 적당하다.

대표 백차로는 바이하오인전(白毫银针 Báiháo Yínzhēn), 바이무단(白牡丹 Báimǔdān), 서우메이(寿眉 Shòuméi) 등이 있다.

가이완(盖碗)

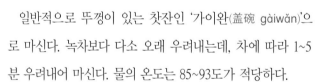

바이무단(白牡丹)

서우메이(寿眉)

3) 청차(清茶 qīngchá)

우려낸 찻물이 일반적으로 푸른빛을 띠는 청차는 20~80% 정도로 부분 발효된 차다. 흔히 '우룽차(乌龙茶)'라고 하는 차를 가리킨다. 청차는 몸을 차게 하는 것과 따뜻하게 하는 것 두 종류가 있다. 안시톄관인(安溪铁观音 Ānxī Tiěguānyīn)과 같이 찻잎이 초록색인 것은 몸을 차게 하고, 우이옌차(武夷岩茶 Wǔyí Yánchá)와 같이 찻잎이 검은색을 띠는 것은 몸을 따뜻하게 한다.

쯔사후(紫砂壶)

우이옌차(武夷岩茶)

청차는 폴리페놀류가 다량 포함되어 있어 다이어트와 건강에 이로운 것으로 알려져 있다. 또 특유의 구수한 향이 있어 맛으로 차를 즐기는 애호가들에게 큰 사랑을 받는다. 대표적인 다기의 하나인 '쯔사후(紫砂壶 zǐshā hú)'를 사용하여 우리는 것이 좋다. 물 온도는 85도 이상이 좋으며 우리는 시간은 첫 번째는 45초 정도가 적당하고, 두 번째부터는 15초씩 우리는 시간을 늘리는 것이 좋다. 대표 청차로는 안시톄관인, 우이옌차, 다훙파오(大红袍 Dàhóngpáo), 둥팡메이런(东方美人 Dōngfāng Měirén) 등이 있다.

안시톄관인(安溪铁观音)

4) 황차(黄茶 huángchá)

황차는 녹차를 만드는 과정에서 '민황(闷黄)'이라는 특수한 공정을 더해 말려서 만드는 발효차다. '민황'은 '살청'과 '유념'을 한 찻잎을 적당한 두께로 쌓아두고 천으로 덮어 찻잎이 발효되는 과정을 말한다. 이 과정을 거치면 찻잎이 황색으로 변하고 이를 건조하면 황차가 된다.

발효에서 생겨난 효소는 위장에 좋고 변비 치료에도 효능이 있다. 찻잎의 아름다움을 눈으로 감상할 수 있도록 유리잔에 우려내 마시면 좋다. 찻잎 종류에 따라 다르지만 80도 정도의 물로 우려내 마신다. 대표 황차로는 쥔산인전(君山银针 Jūnshān Yínzhēn), 멍딩황야(蒙顶黄芽 Méngdǐng Huángyá) 등이 있다.

쥔산인전(君山银针)

멍딩황야(蒙顶黄芽)

5) 홍차(红茶 hóngchá)

우려낸 찻물이 붉은빛을 띠는 홍차는 완전발효한 차다. 찻잎을 솥에다 덖는 과정이 없으며 찻잎을 비벼서 상처를 준 후 완전발효해 말리면 홍차가 된다. 몸을 따뜻하게 하는 온성이라서 가을이나 겨울에 마시면 좋다. 폴리페놀류가 발효되면서 분해되어 위장 기능을 조정해주는데, 소화를 촉진해서 식후에 마시면 좋다. 가이완이나 유리로 만든 찻주전자로 우려내 마시면 좋은데 90~100도의 뜨거운 물을 사용한다. 명대 말부터 푸젠성 우이산(武夷山)에서 생산된 세계 최초의 홍차인 정산샤오중(正山小种 Zhèngshān Xiǎozhǒng)이 유럽에 가장 먼저 전해졌다.

정산샤오중(正山小种)

치먼홍차(祁门红茶)

대표 홍차로는 치먼홍차(祁门红茶 Qímén Hóngchá), 진쥔메이(金骏眉 Jīnjùnméi), 정산샤오중 등이 있다.

6) 흑차(黑茶 hēichá)

건강 다이어트차로 광고에 많이 나오는 이른바 '푸얼차(普洱茶 Pǔ'ěr chá)가 바로 흑차의 대표라 할 수 있다. 찻잎은 흑색이나 흑갈색이며 우려낸 찻물은 갈홍색을 띤다. 갓 만든 '생차'와 후발효 과정으로 숙성된 '숙차'로 나뉜다. '살청'과 '유념', '건조' 과정을 거친 찻잎에 증기를 쬔 다음 뭉친 것을 생차라 하고, 이를 다시 두껍게 쌓아 적당한 습도와 온도에서 미생물을 이용하여 발효시키면 숙차가 된다. 먼저 살청한 찻잎을 발효시키므로 후발효차라고 한다. 사시사철 일정한 온도를 유지하는 윈난(云南)에서 주로 만들어진다. 정확한 발효 방법은 비밀로 유지되고 있다.

푸얼차(普洱茶)

숙차는 성질이 따뜻하여 환절기나 겨울에 마시면 제격이다. 반면 생차는 몸을 차갑게 하므로 유의해야 하는데, 간 기능을 도와 숙취를 제거하는 데 매우 유용하다. 흑차는 기본적으로 창고 등에서 장기간 보관하므로 겉에 생긴 불순물을 제거하는 것이 중요하다. 따라서 우려낼 때 먼저 두 번 정도 반드시 세차(洗茶)를 해야 한다. 95~100도의 뜨거운 물로 우려내는데, 1분 이상 8분 이내로 우리며 여러 번 우려서 마실 수 있다. 대표 흑차로는 푸얼성차(普洱生茶 Pǔ'ěr shēng chá), 푸얼수차(普洱熟茶 Pǔ'ěr shú chá), 푸얼튀차(普洱沱茶 Pǔ'ěr tuó chá) 등이 있다.

푸얼성차(普洱生茶)　　　푸얼수차(普洱熟茶)　　　푸얼튀차(普洱沱茶)

7) 화차(花茶 huāchá)

앞에서 소개한 여섯 가지 차 외에 차에 꽃잎을 첨가하여 우려 마시는 화차가 있다. 화차는 '샹피엔(香片 xiāngpiàn)'이라고도 한다. 반제품의 차에 향기가 있는 신선한 꽃잎을 섞어 일정한 가공을 거치면 차에 향기가 흡착된다. 일반적으로 녹차를 사용하며 꽃잎 종류에 따라 차를 분류한다.

화차의 대표격인 '모리화차(茉莉花茶 mòlìhuā chá, 재스민차)'는 13세기 문헌에 제조법이 나오는데 1850년경부터 대량 생산되었다. 특유의 꽃향기로 기름진 중국음식과 가장 잘 어울릴 수 있는 차다. 건위작용을 하며 변비 해소에도 효능이 있는 것으로 알려졌다. 또 꽃향기의 작용으로 스트레스 해소, 긴장완화에도 도움을 준다. 85~90도의 물로 우려 마시며 가이완이나 유리 찻주전자로 우리면 좋다. 꽃잎의 종류에 따라 모리화차, 메이구이화차(玫瑰花茶 méiguīhuā chá), 진구이화차(金桂花茶 jīnguìhuā chá) 등이 있다.

모리화차(茉莉花茶)　　　메이구이화차(玫瑰花茶)　　　진구이화차(金桂花茶)

🫖 4 중국 다기의 종류와 감상법

1) 다기(茶器)의 종류와 사용법

가이완(盖碗 gàiwǎn)

일반적으로 자기로 만든 잔으로, 뚜껑이 있는 것이 특징이다. 차를 우릴 수도 있고 그대로 찻잔으로 사용할 수도 있다. 자기로 만든 것은 향기가 많은 차를 우릴 때 주로 사용한다.

쯔사후(紫砂壺 zǐshāhú)

중국의 이싱(宜兴 Yíxīng) 지역에서 나는 자줏빛 흙으로 빚고 유약을 바르지 않은 상태에서 구워낸 차주전자다. 원칙적으로 하나의 쯔사후에는 한 종류의 차만 사용한다. 우롱차와 푸얼차를 우릴 때 사용하면 좋다.

차베이(茶杯 chábēi)

일반적으로 자기로 만들며, 중국 차베이는 한국이나 일본 것보다 크기가 다소 작다.

원샹베이(闻香杯 wénxiāngbēi)

차를 마시기 전에 차의 향기를 즐기기 위한 잔이다.

차러우(茶漏 chálòu)

찻잎을 차호에 넣을 때 흘리지 않도록 사용한다.

❶ 차쩌(茶则 cházé)
차관에서 찻잎을 꺼낼 때 사용한다.

❷ 차셰(茶挟 cháxié)
뜨거운 찻잔이나 큰 찻잎을 집을 때 사용하는 도구다.

❸ 차츠(茶匙 cháchí)
찻잎을 차후에 넣기 위해 사용한다.

❹ 차전(茶针 cházhēn)
차호의 입부리가 막혔을 때 뚫을 수 있다.

차관(茶罐 cháguàn)
차를 보관할 때 사용한다.

궁다오베이(公道杯 gōngdàobēi)
가이완이나 쯔사후에서 우려낸 찻물을 받아 찻잔에 나누어 마실 수 있다.

2) 중국차 즐기기

중국의 저명한 문학가 루쉰(鲁迅)은 "좋은 차를 마실 수 있고 좋은 차를 마실 줄 아는 것은 복이다. 그러나 이러한 복을 누리려면 반드시 먼저 노력해야 하고 훈련으로 다져진 감각을 갖추어야 한다"라고 했다. 아는 만큼 보인다는 말도 있다. 즉 중국차도 아는 만큼 즐길 수 있고 숙련된 만큼 향유할 수 있는 것이다. 커피가 주를 이루는 국내에서도 중국차에 대한 관심이 높아지고 있으며, 중국 여행을 다녀온 사람들은 선물로 중국차를 한 번쯤 구입해본 경험이 있을 것이다. 가장 먼저 좋은 차를 구입하고, 알맞게 보관하고, 가장 적당하게 음용하는 방법을 잘 알아야 한다.

일반적으로 차를 구입할 때는 찻잎이 제 빛깔과 모양을 잘 갖추었는지 살펴야 한다. 뜨거운 물로 우릴 때 찻잎이 본래 모양을 갖춘 것이 좋다. 녹차는 생산된 지 18개월 이내에 마시는 것이 좋으며 우롱차는 진공포장된 것이면 된다. 보이차는 빛이 들지 않는 서늘한 곳에 보관만 잘한다면 유통기한이 따로 없다.

예부터 차를 음미할 때 가장 중요시한 것은 물이다. '산속의 샘물을 최고의 것으로 여기기도 하지만, 시중에서 판매되는 생수나 수돗물을 받아두었다가 사용해도 충분하다. 차를 우리는 물의 온도 역시 매우 중요하다. 녹차와 황차는 약 3~4회, 우롱차는 약 6~8회 우릴 수 있으며, 푸얼차는 때에 따라 10회까지도 우려낼 수 있다. 중국차는 우려내는 횟수에 따라 차맛이 달라진다. 우롱차의 경우 3~4회 때 우려낸 것이 가장 맛있다고 한다.

중국차는 체질도 함께 고려해 마시면 좋다. 즉 몸이 냉하거나 추위를 많이 탄다면 푸얼차나 홍차가 잘 맞는다. 반대로 열이 많고 더위에 약한 체질이라면 녹차나 백차가 잘 어울린다. 중국차를 다양하게 접하다 보면 대개 한 가지 종류는 자기 입맛과 체질에 딱 맞는 것을 찾을 수 있다.

읽을
거리

차 마실 때 일곱 가지 주의 사항

❶ 상대방 찻잔에 차를 따라줄 때에는 70%까지만 따
르자. 차가운 술은 술잔에 가득 따라주어도 되지
만, 뜨거운 찻물을 찻잔에 가득 따라주게 되면 손
을 데기 쉽기 때문에 70%만 따라주는 것을 예의로
여긴다. 나머지 30%는 인정(人情)으로 남겨두자.

❷ 차호(茶壺)의 부리가 손님을 향하지 않도록 주의하
자. 고대 중국에는 손님과 이별할 때 술이나 차를 대
접하며 전송하던 관습이 있었는데, 이때 떠나는 사
람의 방향으로 주전자 부리를 향하게 했다. 따라서
주전자 부리를 사람에게 향하면 그 사람은 환영받
지 못하는 사람이 되니 주의하자.

❸ 첫 잔은 반드시 나이가 많은 순서대로 차를 따라주
자. 첫 잔은 경로의 의미로 나이가 많은 손님에게
먼저 따라주지만, 두 번째 잔부터는 먼저 마신 손님
이나 왼쪽 또는 오른쪽 순서대로 따라주면 된다.

❹ 중간에 손님이 오면 마시던 차는 버리고 반드시 새로운 찻잎을 새로 우려내 처음부터 다시 차를 따라
줄 수 있도록 주의한다.

❺ 손님 자격으로 차를 마실 때에는 미간을 찌푸리는 행동을 해서는 안 된다. 이는 상대에 대한 불만 표
시가 될 수 있으니 주의하자.

❻ 호의라 할지라도 차를 마시라고 세 번 네 번 계속 청하는 일이 없도록 주의하자. 계속해서 차를 마시
라고 권하는 것은 이제 대화할 내용이 없으니 차를 마시고 일어나라는 의미가 될 수 있다.

❼ 처음으로 우려낸 첫 찻물은 흘려버리고 두 번째 우려낸 찻물부터 상대에게 대접하는 것이 예의라는
점을 주의하자. 처음 우려낸 찻물은 오염되었을 수 있으니 상대에게 대접하는 것은 실례가 될 수 있음
을 기억하자.

07

중국의
술과 문화

🫖 중국술의 역사

술은 전통적으로 중국인의 삶에 자리 잡아왔으며, 관시(关系 guānxì, 관계)를 맺는 데 없어서는 안 되는 것으로 여겨졌다. 중국에서 술이 언제 만들어졌는지 정확하게 고증하기는 힘들지만, 차의 역사보다 더 오래되었다. 중국술의 기원에는 여러 가지 설이 있다. 그중에서도 중국 최초의 세습왕조인 하나라를 창건한 우 임금의 딸 의적(仪狄)이 만들었다는 설과 하나라 5대 황제 두강(杜康)이 만들었다는 설이 있다. 의적이 술을 만들었다는 기록은 『전국책(战国策)』에 보인다.

의적이 술을 만들어 우 임금에게 바쳤는데, 우 임금이 술을 맛보고는 망국의 근원이라고 판단해 술 제조를 금지했다고 한다. 두강이 술을 만들었다는 설은 소설 『삼국지연의』에서 조조가 쓴 시 「단가행(短歌行)」의 "무엇으로 이 슬픔을 없앨까? 오로지 두강주뿐이라네(何以解忧，唯有杜康)"라는 시구에서 비롯되었다. 서진(西晋) 때는 "두강이 술을 잘 만들었다"라는 기록이 있다. 이런 기록들을 근거로 중국인은 두강이 술을 만들었다고 생각했고 두강은 술의 대명사가 되었다.

이 두 가지 설에 근거하면 중국술은 역사가 약 4,000년 된 것으로 추정할 수 있다. 특히 1983년 10월 산시성(陕西省) 메이현(眉县) 양자촌(杨家村)에서 발견된 술병과 술잔은 기원전 4000년 전 것으로 판명되었으니 중국인은 약 6,000년 전부터 술을 빚어

왔다고 추정할 수 있다. 역사가 9,000년 된 맥주, 7,000년 된 포도주만큼이나 오래전부터 중국인은 술을 빚어 마셔왔다.

1) 발효법 사용

기원전 4000년 앙소(仰韶)문화 시기부터 기원전 2000년 하나라 말기까지다. 의적이 처음 술을 빚었다는 시기가 바로 이때라고 할 수 있다. 이 시기에는 곡물을 발효시켜 술을 빚었으며 제사라든지 국가적 행사에 술이 사용되었다.

2) 누룩 사용

하나라 말기부터 진시황이 천하를 통일한 시기(기원전 221)까지다. 두강이 술을 만들었다는 때로, 세계 최초로 누룩으로 술 빚는 법을 개발했다. 아마도 이 무렵부터 본격적으로 술이 개발되고 발전되었을 것이다. 이 시기에는 정부에서 직접 술 제조를 담당하여 주로 임금이나 제후 등 통치자들의 향락품으로 사용된 것으로 추측한다.

3) 동서문화의 교류

진나라부터 송나라(960~1279)까지 약 1,200년 동안이다. 이 시기는 유럽, 아프리카, 아시아 각국과 문화교류가 활발하던 때로 포도주, 과실주 등 특색 있는 술이 출현했다. 이 시기에는 또한 술이 특정 계급의 전유물이 아니라 민간에까지 널리 보급되었다.

4) 증류주 보급

송나라부터 아편전쟁(1840)까지다. 이 시기에는 술을 증류하는 기술이 서역에서 중국으로 들어오면서 증류주인 백주(白酒)가 본격적으로 제조되었다. 이전의 황주(黃酒), 약주, 포도주, 과실주 또한 더욱 발전했으며, 백주가 널리 보급되어 중국인이 보편적으로 마시는 술이 되었다.

5) 변혁기

아편전쟁 이후 현재까지다. 서양문화의 영향으로 하얼빈에서 맥주가 처음 만들어졌다. 또 서양의 양조기술이 중국의 양조기술과 결합하면서 중국의 양조기술이 비약적으로 발전하게 되었다. 중국술은 세계주류대회에서 상을 받는 등 세계적으로 인정받아 세계시장에 본격적으로 진출하게 되었다.

읽을거리

이백과 술

이백이 술을 좋아한다는 이야기는 많은 사람이 알고 있다. 오죽하면 '주태백'이라는 말이 있겠는가. 그래서 중국에서는 태백주, 이백주라는 술도 만들어 판다. 두보는 「술 마시는 여덟 명의 신선(饮酒八仙人)」이라는 시에서 술을 좋아하고 술에 빠져 있는 이백을 다음과 같이 묘사했다.

이백은 한 말 술에 시 백편(李白斗酒诗百篇)
장안의 저잣거리 술집에서 잔다네(长安市上酒家眠).
황제가 불러도 배에 오르지 않고(天子呼来不上船)
스스로 '저는 주중선(酒中仙)이오'라 하네(自称臣是酒中仙).

이백이 술을 좋아했다는 것은 그의 시에서도 볼 수 있다. 그가 평생 지은 시가 1,000여 수인데 술을 언급한 시가 170여 수나 된다. 그중 우리에게 가장 잘 알려진 시는 「달빛 아래 홀로 술을 마시며(月下独酌)」다. 이 시는 모두 4수로 되어 있는데, 첫 번째 시가 가장 유명하다.

꽃 사이에 묻혀 술 한 병을(花间一壶酒)
벗도 없이 홀로 마신다(独酌无相亲).
술잔 들고 밝은 달을 맞으니(举杯邀明月)
그림자와 달과 함께 셋이 되는구나(对影成三人).
......

봄밤에 벗도 없이 홀로 달과 그림자를 벗으로 삼아 술을 마시는 이백의 낭만적인 모습이 잘 드러나 있다. 벗이 없어도 실망하지 않고 오히려 자연을 벗 삼아 함께하는 이백의 호연지기를 잘 보여준다.
두 번째 시는 이백이 술을 사랑하는 이유를 이야기한다.

하늘이 만약 술을 사랑하지 않았다면(天若不爱酒)
주성이 하늘에 없었을 것이고(酒星不在天)
땅이 만약 술을 사랑하지 않았다면(地若不爱酒)
땅에 주천이 없었겠지(地应无酒泉).
하늘과 땅이 이미 술을 사랑했으니(天地既爱酒)
내가 술을 사랑하는 건 하늘에 부끄럽지 않지(爱酒不愧天).
......

하늘과 땅이 이미 술을 사랑했었기에 자신이 술을 사랑하는 건 당연한 일이라고 이야기한다. 이렇게 술을 사랑한 이백은 시를 지어 술을 사람들에게 권하기도 한다. 권주가로 유명한 「장진주(将进酒)」가 바로 그 시다. 이 시에서 이백은 사람이 기쁠 때 술을 마셔야 한다며, "인생에서 뜻을 이루었을 때 모름지기 즐겨야 하거늘 황금 술통을 달 아래 그대로 두지 마라(人生得意须尽欢，莫使金樽空对月)"라고 했다. 괴로울 때도 술을 마시고 "오로지 내내 취하여 깨지 않기를(但愿长醉不用醒)" 바랐다. 기쁠 때도 괴로울 때도 술은 언제나 이백의 동반자였지만, 그의 시에서는 많은 경우 술이 '만고의 시름'을 삭이는 역할을 한다. 재능은 있지만 뜻을 이루지 못한 슬픔이 음주라는 행위를 빌려 시로 표현된 것이다.

이백과 술에 관한 이야기는 많이 전해지지만 그중에서 양귀비와 관련된 이야기가 가장 유명하다. 이백은 42세(742)에 황제에게 불려가 관직을 맡게 되었다. 이백은 자신의 뜻을 펼칠 기회가 왔다고 생각했지만, 그가 궁중에서 하는 일은 단지 황제 옆에서 시를 짓는 것이었다. 그러다 보니 이백은 실망해서 벗들과 함께 술을 마시고 시를 지으면서 나날을 보낼 수밖에 없었다. 하루는 현종이 양귀비를 데리고 나들이를 갔다가 명가수 이귀년(李龟年)의 노래에 새로운 가사를 듣고 싶어 이백을 찾았다. 이귀년이 이백을 찾으니 이백은 대낮부터 만취해 술집에서 자고 있었다. 이귀년이 이백을 업고 황제 앞에까지 데리고 왔지만 이백은 여전히 인사불성이었다. 겨우겨우 이백을 깨워 시를 짓도록 했다.

이백은 술에 취해 환관 고력사(高力士)에게 신발을 벗기게 하고, 양귀비에게는 먹을 갈게 하고는 붓을 들어 지금까지도 중국인이 애창하는 「청평조(清平调)」라는 시를 지었다. 이백이 시를 짓자 이귀년이 곡을 붙여 노래를 불렀다. 황제와 양귀비를 포함하여 모든 사람이 넋을 잃은 듯 들었다. 고력사는 이백에게 앙심을 품고 「청평조」 가사 중 "가련한 조비연이 새 단장을 하면 모를까(可怜飞燕倚新粧)"가 양귀비를 음해한 것이라

고 이백을 모함했다. 한나라의 조비연은 미인이기는 하나 음란하다고 하여 자살로 삶을 마감한 여자로, 조비연을 양귀비와 비교한 것은 양귀비를 깎아내리려는 것이라고 한 것이다. 양귀비는 곧이곧대로 믿고 현종에게 이백을 쫓아내라고 했고, 현종은 양귀비가 시키는 대로 이백을 궁에서 내보내게 되었다. 결국 이백은 장안을 떠나 방랑의 길로 들어섰다.

다시는 궁중으로 돌아오지 못한 이백은 62세로 세상을 떠난다. 물론 병으로 죽음을 맞이했지만, 술에 취한 채 강물에 비친 달을 잡으려고 물속에 뛰어들었다가 죽었다는 일화가 전해지는데, 평생 술과 함께 살았던 이백의 마지막을 이미지화한 이야기라고 할 수 있다. 이백이 평생 술과 벗한 이유는 여러 가지가 있다. 그중에서 가장 큰 이유는 자기 뜻을 펴지 못한 근심을 풀기 위한 것이라고 할 수 있다. 이백은 그냥 술꾼이 아니라 술을 통해 자기 마음을 시로 아주 절묘하게 표현한 위대한 시인이라고 할 수 있다.

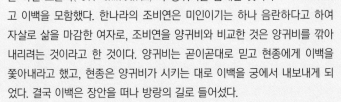

🫖 ② 술의 종류

중국술은 크게 백주, 황주, 약주로 나눌 수 있다. 이밖에 맥주, 과실주, 포도주 등도 있다. 술은 제조하는 지역에 따라 원료와 제조법이 각기 달라서 지역마다 술맛이 서로 다르다. 근래에는 술 마시는 것을 선호하지 않는 풍토가 생겨나 알코올 도수가 낮은 술을 많이 찾는다. 그래서 맥주나 포도주를 마시는 사람들이 점점 늘고 있다. 현재 중국에서 생산되어 유통되는 술의 종류는 약 4,500종이다. 그래도 중국술을 대표하는 것은 여전히 백주라고 할 수 있다.

1) 백주(白酒 báijiǔ)

마오타이주(茅台酒)

펀주(汾酒)

백주(白酒 báijiǔ, 바이주)는 말 그대로 술의 색이 투명해서 붙여진 이름으로, 중국의 대표 술이다. 원래는 소주(烧酒 shāojiǔ, 사오주), 고량주(高粱酒 gāoliángjiǔ, 가오량주) 등으로 불렸으나, 1949년 공산정권이 수립된 이후에는 백주라고 불렸다. 보통 수수에 밀이나 보리로 만든 누룩을 넣어 제조한 증류주로 우리나라의 안동소주와 제조법이 유사하다. 맛이 좋기로 유명한 것들은 50도 이상이지만 최근에는 도수가 높은 술을 꺼리는 사람들을 위해 40도 이하 술도 많이 출시되고 있다.

중국에서는 원나라(1271~1368) 때 처음으로 아랍 지역에서 술을 증류하는 기술이 들어왔고, 그때부터 술을 증류하여 음용하기 시작했다. 대표 백주로는 마오타이주(茅台酒 Máotáijiǔ), 펀주(汾酒 Fénjiǔ), 우량예(五粮液 Wǔliángyè), 루저우라오자오(泸州老窖 Lúzhōu Lǎojiào), 수이징팡(水井坊 Shuǐjǐngfáng), 궈자오1573(国窖 1573 Guójiào Yīwǔqīsān), 진먼가오량주(金门高粱酒 Jīnmén Gāoliángjiǔ), 젠난춘(剑南春 Jiànnánchūn) 등이 있다.

우량예(五粮液)

루저우라오자오(泸州老窖)

수이징팡(水井坊)

궈자오1573(国窖)

진먼가오량주(金门高粱酒)

젠난춘(剑南春)

백주를 분류하는 방법은 여러 가지지만 향을 중시하는 중국음식처럼 일반적으로 향에 따라 나눈다. 이런 분류에 따르면 중국 백주는 장향형(酱香型), 청향형(清香型), 농향형(浓香型), 미향형(米香型), 봉향형(凤香型), 겸향형(兼香型), 특향형(特香型) 등으로 나뉜다.

① 향에 따른 분류

백주의 향은 원료, 누룩, 발효 방법, 저장 용기 등에 따라 달리 나타난다.

① 장향형(酱香型)

콩을 발효할 때 나는 향과 비슷하다고 해서 지어진 이름으로, 깊은 간장 향기가 코끝을 자극하며 감칠맛이 오래간다. 마오타이주가 대표적이라서 모향형(茅香型)이라고도 한다. 랑주(郎酒 Lángjiǔ)도 이 유형에 속한다.

랑주(郎酒)

② 청향형(清香型)

우리나라 소주나 러시아의 보드카와 같이 향이 없다. 펀주가 대표적이다.

③ 농향형(浓香型)

향이 진하며 맛이 강하고 오래간다고 해서 지어진 이름이다. 루저우라오자오(泸州老窖)가 대표적이라서 노향형(泸香型) 또는 교향형(窖香型)이라고도 한다. 중국에서 명주로 불리는 우량예, 젠난춘, 양허다취(洋河大曲 Yánghé

양허다취(洋河大曲)

쿵푸자주(孔府家酒)

Dàqū), 구징궁주(古井贡酒 Gǔjǐng Gòngjiǔ)도 이 유형에 속한다. 우리나라에 잘 알려진 수이징팡, 쿵푸자주(孔府家酒 Kǒngfǔ Jiājiǔ) 등도 이 유형이다. 중국 전체 백주 생산량의 80%를 차지한다.

④ 미향형(米香型)

우리나라 안동소주처럼 쌀로 술을 빚어서 붙은 이름이다. 발효기가 짧아 서 향이 진하지 않고 맛도 그렇게 고급스럽지 않다. 구이린(桂林)의 싼화주 (三花酒 Sānhuājiǔ)와 취안저우(全州)

싼화주(三花酒)　　　샹산주(湘山酒)

의 샹산주(湘山酒 Xiāngshānjiǔ) 등이 이 유형에 속한다.

⑤ 봉향형(凤香型)

시펑주(西凤酒 Xīfèngjiǔ)의 봉(凤)자를 따서 이름 붙였 다. 맛이 진하고 향기롭다.

시펑주(西凤酒)

⑥ 겸향형(兼香型)

바이윈벤주(白云边酒)

장향과 농향이 모두 있어 붙여진 이름이다. 바이윈벤주(白云边酒 Báiyúnbiānjiǔ) 가 대표적이다.

⑦ 특향형(特香型)

쓰터주(四特酒)

여러 가지 향이 섞여 있다. 장시(江西)성 장수(樟树)시에서 만든 사특주(四特酒 Sìtèjiǔ)가 대표적이다.

② 발효제에 따른 분류

백주는 발효제에 따라 달리 분류하기도 한다.

① 대곡주(大曲酒)*

밀, 보리 외에 완두 등을 더하여 만든 누룩을 당화발효제로 쓴 술이다. 발효기간이 2개월 정도로 오래 걸리고 저장 기간도 길다. 술맛이 뛰어난 만큼 가격도 비싸다. 마오타이, 우량예, 젠난춘, 루저우라오자오, 수이징팡 등의 명주는 모두 대곡을 당화발효제로 쓴 술이다.

② 소곡주(小曲酒)

수수와 쌀 등의 원료에 곰팡이균을 넣어 만든 누룩을 당화발효제로 쓴 술이다. 대곡주에 비해 발효기간이 비교적 짧고 원료도 적게 든다. 추출되는 술의 양이 많아 대곡주보다 값이 싸다. 싼화주, 둥주(董酒 Dǒngjiǔ) 등이 이 종류의 술이다.

둥주(董酒)

③ 부곡주(麩曲酒)

밀기울을 원료로 하고 필요한 균을 넣어 만든 누룩을 당화발효제로 쓴 술로 중국에서 생산되는 백주의 70% 이상이 이 술이다. 발효기간이 3~5일로 짧고 추출되는 술의 양이 많아 가격도 싸다.

---

* 대곡주 : 누룩을 지칭하는 말로 원래 '麴(누룩 국 qū)'자를 사용한다. 현대에 들어와 이 글자의 간체자로 '曲(곡)'자를 사용하면서 우리나라에서는 '곡'으로 발음하는 경우가 많아 이 책에서도 '곡(qū)'으로 표기했다.

2) 황주(黃酒 huángjiǔ)

사오싱주(绍兴酒)

사오싱주 제조 과정

중국에서 가장 오래된 전통술이다. 주로 쌀이나 찹쌀을 사용하여 미주(米酒 mǐjiǔ)라고도 하고, 술을 빚어 오랫동안 묵혔다는 뜻에서 라오주(老酒 lǎojiǔ)라고도 한다. 사오싱(绍兴 Shàoxīng) 지방에서 만든 술이 가장 유명하고 색이 황갈색을 띠어 '사오싱주(绍兴酒)' 혹은 '황주(黃酒)'라고도 한다. 보리누룩을 사용해서 황색을 띠는데, 재료나 제조법에 따라 흑색 또는 붉은빛을 띠는 경우도 있다. 도수는 15도 내외로 비교적 맛이 부드럽고 진하여 요리의 맛을 낼 때 사용하기도 한다.

황주는 오래 숙성할수록 맛과 향이 좋아지고 가격도 비싸진다. 보통 따뜻하게 데워서 말린 매실을 넣어 마시기도 한다. 간장 맛도 있어 처음에는 낯설지만 몇 번 마시다 보면 오묘한 맛에 푹 빠져든다. 중국 소설에서 주인공이 술 한 말을 마시고도 끄떡없다는 술이 바로 이 황주다. 이 술은 또한 필수아미노산이 많아서 몸에 좋은 술로도 알려져 있다.

자판주(加饭酒 Jiāfànjiǔ), 화댜오주(花雕酒 Huādiāojiǔ), 지모라오주(即墨老酒 Jímò Lǎojiǔ), 란링메이주(兰陵美酒 Lánlíng Měijiǔ) 등이 대표적이다.

자판주(加饭酒)

화댜오주(花雕酒)

3) 약주(药酒)

우자피주(五加皮酒)

우리나라의 인삼주나 약주처럼 술로 한약재를 우려내어 약용으로 마시는 술을 말한다. 알코올 도수는 40도 내외이며 단맛이 강하다. 갑골문에도 술에 향초를 넣었다는 뜻의 글자가 있는 것으로 보아 역사가 아주 오래되었다고 할 수 있다. 약재 때문에 자양강장 효과가 있다고 하여 중국뿐 아니라 해외에서도 명성을 얻고 있다. 우자피주(五加皮酒 Wǔjiāpíjiǔ), 주예칭주(竹叶青酒

Zhúyè Qīngjiǔ), 루룽주(鹿茸酒 Lùróngjiǔ) 등이 유명하다.

한국인에게 인기가 좋은 주예칭주는 펀주에 각종 천연약재를 넣어 만든 술이다. 산시성(山西省) 싱화촌(杏花村)에서 생산되며 보혈, 소염, 해독, 이뇨 등에 효능이 있다고 평가된다. 주예칭주는 역사가 오래되었는데 과거에는 주로 황주로 만들었다. 우자피주는 가오량주에 오가피, 당귀, 정향, 홍화 등 30여 가지 약재를 넣어 만든다. 피를 맑게 하고 근육과 뼈를 튼튼하게 하는 등의 효능이 있다고 한다.

주예칭주(竹叶青酒)

루룽주(鹿茸酒)

읽을거리

『삼국지연의』와 술

『삼국지연의』에 보면 조조가 "어떻게 근심을 잊을지. 오직 두강주만 있을 뿐이네(何以解忧, 唯有杜康)"라고 시를 읊는다. 이를 보면 당시 사람들도 지금의 우리처럼 근심이 있으면 술을 마신 것을 알 수 있다. 술은 이처럼 근심을 풀기 위해서도 마시지만 기쁠 때도 마실 수 있고 사람을 사귀기 위해서도 마실 수 있다. 『삼국지연의』에는 술과 관련된 이야기가 많이 나온다. 그중에서 대표적인 이야기를 살펴보겠다.

먼저 관우(关羽)가 술이 식기 전에 동탁(董卓) 휘하의 장군 화웅(华雄)의 목을 벤 이야기다. 당시 동탁이 천하를 가로채자 제후들이 연합군을 결성하고 원소(袁绍)를 총사령관으로 추대한다. 연합군이 동탁을 토벌하기 위해 낙양으로 진격하자 동탁은 화웅을 파견해 낙양의 길목을 지키게 한다. 화웅은 출중한 무예로 연합군의 장군 4명을 연이어 격파하게 되고 연합군은 사기가 꺾인다. 이때 관우가 나서서 화웅의 목을 베겠다고 한다. 원소는 관우가 현령에 불과한 유비의 마궁수(马弓手)밖에 안 되는 것을 알고 발끈하며 허락하지 않고, 원술(袁术)은 미친 소리를 지껄인다며 두들겨 패서 내쫓아버리라고 한다. 하지만 조조는 관우가 보통 사람이 아닌 것으로 생각해 그들을 설득하여 관우를 출진시키면서 데운 술을 한잔 따라준다. 관우는 술이 식기 전에 화웅의 목을 베고 오겠다고 한다. 과연 관우는 순식간에 화웅의 목을 베고 와서는 아직 식지 않은 술을 단숨에 들이켠다. 술을 도구로 삼아 용맹하고 무예가 출중한 관우의 형상을 절묘하게 드러낸 이야기다.

그다음은 조조(曹操)가 유비(刘备)와 더불어 영웅을 논한 이야기다. 당시 유비는 여포(吕布)와 싸워 패한 뒤 조조에게 의탁하고 있었다. 조조는 평소 유비가 영웅적 기개가 있는 인물이라고 생각해서 마음을 떠보려고 유비를 자기 집으로 초대했다. 조조는 매실주를 함께 마시면서 유비에게 지금 천하의 영웅은 누구라고 생각하는지 물었다. 이에 유비는 여러 명을 거론하는데 조조는 동의하지 않고 천하의 영웅은 유비와 자신이라고 말했다. 당시 유비는 헌제의 장인 동승과 조조 모살계획에 참여한 터라 의심을 받을까 불안한 상태였는데, 이 말을 듣고는 너무 놀라서 젓가락을 떨어뜨렸다. 마침 하늘에서 우레가 크게 쳐 조조는 유비에게 우레가 무섭냐고 물었다. 유비는 성인도 우레가 치면 얼굴색이 변하는데 자신이 어떻게 안 무서워하겠느냐고 대답하며 젓가락을 떨어뜨린 이유를 말해 조조의 의심을 사지 않게 된다.

세 번째는 주유(周瑜)가 술에 취한 척하여 장간(蔣干)을 속인 이야기다. 이 이야기는 그 유명한 적벽대전과 관련되어 있다. 조조가 백만대군을 이끌고 장강 동쪽 적벽에서 손권과 유비 연합군과 대치하고 있었다. 조조 군대는 육지전에는 강했지만 수전에는 약했다. 그러나 수전에 능한 채모(蔡瑁)와 장윤(张允)이라는 장수를 거느리고 있었다. 조조는 자기 세력을 믿고 주유를 항복시키고자 주유와 함께 공부했던 장간을 주유에게 보냈다. 주유는 장간이 조조가 보낸 첩자임을 간파하고 그를 맞이하여 함께 술을 마시며 술에 크게 취한 듯 연기했다. 그리고 그와 함께 자며 코를 골면서 깊은 잠에 빠진 체했다. 장간은 살그머니 일어나 주유의 책상 위에 놓인 기밀문서를 몰래 보는데, 거기에 채모와 장윤이 주유에게 보낸 서신이 있었다. 서신에는 채모와 장윤이 조조를 죽이고 주유에게 투항하겠다는 내용이 담겨 있었다. 장간은 이 서신을 몰래 가지고 나와 조조에게 바쳤고, 조조는 채모와 장윤을 오나라 첩자라고 오해하여 처형하게 된다. 이로써 조조 군대는 수전의 약점을 극복하지 못하고 결국 적벽대전에서 패하게 된다. 주유는 이러한 반간계의 책략으로 자신보다 열 배 이상 우세한 조조 군대를 격파할 수 있었다.

위의 이야기는 술을 매개로 하여 극적인 장면을 연출하고 있다. 하지만 다음 이야기는 술이 비극의 씨앗이 되어 씁쓰레한 느낌을 준다. 『삼국지연의』에서 호탕한 영웅을 대표하는 장비(张飞)와 관련된 이야기다. 장비는 술을 아주 좋아했고 부하들에게는 엄하기로 유명했다. 유비가 오나라에 죽임을 당한 관우의 복수를 하려고 장비에게 전쟁을 준비시켰다. 장비는 전쟁 준비를 하는 중에 범강(范疆)과 장달(张达)에게 관우를 애도하기 위하여 엄청난 양의 흰 깃발과 흰 갑옷을 사흘 이내에 만들어내라고 명령했다. 범강과 장달이 현실적으로 어렵다고 호소했지만 장비는 이들을 채찍질하고는 다음 날까지 마련하지 못하면 목을 베겠다고 엄포했다. 그러자 목숨에 위협을 느낀 범강과 장달은 장비가 술에 취해 잠들었을 때 장비를 죽였다.

이렇듯 술은 동전의 양면처럼 이중성을 지니고 있다. 관우의 경우 술은 영웅적 기개를 보여주는 긍정적 역할을 하지만, 장비의 경우는 비극을 잉태하는 씨앗이 되었다. 『삼국지연의』의 이야기는 술을 다스리는 사람이 되어야지 술에 지배되는 사람이 되어서는 안 됨을 보여준다.

🫖 ③ 중국의 명주

중국의 명주에 대해서는 사람마다 의견이 다르다. 중국에서는 1952년 제1회, 1963년 제2회 등 5회(1979, 1984, 1989)에 걸쳐 전국 주류품평회(全国评酒会)를 열었다. 제1회 대회에서는 펀주, 시펑주, 마오타이주, 루저우라오자오주, 사오싱주, 훙메이구이푸타오주(红玫瑰葡萄酒, 산둥 과실주, 15도), 진장브랜디주(金奖白兰地酒, 산둥 브랜디, 40도), 웨이메이쓰주(味美思酒, 산둥 베르무트, 17~18도)가 8대

전국 주류품평회(全国评酒会)

명주로 선정되었다. 제5회 대회에서는 백주만 17개가 입선했다. 중국에서는 일반적으로 이 품평회에서 입상한 술만 '명주'라고 한다. 그래서 최근에 선풍적인 인기를 끌고 있는 수이징팡이나 궈자오1573과 같은 비싼 술에도 '명주'라는 호칭을 붙이지 않는다. 여기에서는 일반적으로 중국인이 선호하고 우리나라 사람들도 좋아하는 술에 대해 알아보겠다.

훙메이구이푸타오주(红玫瑰葡萄酒)

진장브랜디주(金奖白兰地酒)

웨이메이쓰주(味美思酒)

1) 백주(白酒)

① 마오타이주(茅台酒 Máotáijiǔ)

마오타이주는 중국을 대표하는 중국술의 자존심이다. 중국술의 국가대표(国酒), 술 중의 제왕(酒中之王), 세계적 명주(中外名酒)라는 별칭으로도 불린다. 구이저우성 마오타이진(茅台镇)에서 생산되어 마

구이저우 마오타이진(贵州茅台镇)

마오타이주 공장

마오타이진 술 공장

마오타이주(茅台酒)

오타이주라고 한다. 이 술은 사실 역사가 그리 길지 않다. 19세기 중엽 산시(山西) 지역의 상인이 마오타이진(茅台镇)에 와서 산시의 명주 펀주의 제조법으로 백주를 만들었고, 나중에 산시(陕西) 지역 상인이 이 술을 개량하여 마오타이주라고 이름 붙였다. 마오타이주는 1915년 파나마운하 개통을 축하하기 위해 미국 샌프란시스코에서 열린 '파나마 만국박람회'에서 금상을 받음으로써 세계적으로 유명해졌다.

그 뒤 마오타이주는 1930년대에 마오쩌둥(毛泽东)이 이끄는 공산군이 국민당의 공격을 피해 장정(长征)을 하며 구이저우성에 머물 때부터 중국 전역에 알려졌다. 당시 중국공산군은 알코올 도수가 높은 마오타이주로 부상병을 치료했으며, 마오타이주를 마시며 잠깐 휴식을 즐기면서 장정 의지를 더욱 굳건히 다졌다. 중국공산당 지도자들은 당시 이 일을 기억하여 1949년 중화인민공화국 건국 이후 마오타이주를 국가 공식 연회용 술로 지정했다. 마오타이주는 1972년 핑퐁외교로 중국을 방문한 닉슨 미국 대통령을 환영하는 만찬주로 사용되면서 세계적인 술로 발돋움했다.

② 우량예(五粮液 Wǔliángyè)

우량예(五粮液)

우량예는 쓰촨성(四川省) 이빈(宜宾)시에서 생산된다. 원래 이름은 자량주(杂粮酒 záliáng jiǔ, 여러 가지 곡식으로 만든 술)였는데 1952년부터 '우량예'라고 고쳐 불렀다. '수수, 찹쌀, 멥쌀, 밀, 옥수수 다섯 가지 곡류(五粮)로 만든 술'이라는 명칭을 술 이름으로 사용했다. 오늘날 중국의 농향형 바이주 시장은 우량예와 수이징팡 그리고 궈자오1573 세 가지 술이 삼파전을 벌이고 있다.

우량예 공장

③ 펀주(汾酒 Fénjiǔ)

펀주(汾酒)

펀주 공장

펀주는 산시성(陝西省) 펀양시(汾阳市)에서 생산되어 펀주라는 이름이 붙었다. 펀주는 백주 중에서 역사가 가장 오래된 술로 마오타이주, 시펑주, 주예칭주가 모두 펀주를 뿌리로 해서 만들었다. 마오타이주와 마찬가지로 1915년 파나마 만국 박람회에서 금상을 획득한 후 세계에 이름이 알려지게 되었다.

④ 시펑주(西凤酒 Xīfèngjiǔ)

시펑주는 산시성(陝西省)을 대표하는 술로 명나라 때부터 생산되었다. 이 술이 처음 만들어진 산시성 펑상현(凤翔县)의 옛 명칭이 '서부봉상(西府凤翔)'인데, 서(西)와 봉(凤)을 따서 술 이름을 지었다고 한다.

시펑주(西凤酒)

⑤ 둥주(董酒 Dǒngjiǔ)

둥주는 구이저우성 쭌이(遵义 Zūnyì)시에서 생산된다. 술 제조 공장이 쭌이시의 둥궁쓰제(董公寺街) 거리에 있어서 둥주라고 이름 지었다. 19세기 말에 처음 제조되어 수십 년간 판매되다가 중지된 후 1950년대에 다시 제조·판매되었다. 약재가 130여 종 들어간 누룩으로 만든다고 알려져 있으며, 중국 정부에서는 이 술 제조 방법이 국가 기밀에 해당한다고 판단하여 법으로 보호하고 있다. 그래서 이 술을 만드는 회사는 상품명에다 '국밀(国密, 국가의 비밀)'이라고 표기하여 술 선전에 활용한다.

둥주(董酒)

⑥ 루저우라오자오(泸州老窖 Lúzhōu Lǎojiào)

루저우 풍경

루저우라오자오는 쓰촨성 루저우(泸州)에서 생산된다. 이 술을 생산하는 기업 이름도 루저우라오자오다. '라오자오(老窖)'는 "역사가 오래된 술을

루저우라오자오(泸州老窖)

발효시키는 토굴"을 뜻한다. 마오타이주가 거센 남성적인 맛이라면 이 술은 부드러운 여성적인 맛으로 쓰촨성 출신인 덩샤오핑이 즐겨 마셨다고 한다. 1996년 중국 정부는 명나라 때인 1573년에 만들어졌으며 당시 루저우라오자오회사 소유였던 '라오자오' 네 개를 국가문화재로 지정했다. 수이징팡의 고급화 전략에 맞서기 위해 고급 브랜드인 '궈자오(国窖, 국보급 술 저장 토굴)1573'을 출시했다.

수이징팡(水井坊)

⑦ 수이징팡(水井坊 Shuǐjǐngfáng)

수이징팡은 쓰촨성 청두(成都)시에서 생산된다. 1998년 8월 명주인 취안싱다취주(全兴大曲酒 Quánxīng Dàqūjiǔ)를 생산하던 취안싱주창(全兴酒厂 Quánxīng Jiǔchǎng)이라는 회사가 청두 시내의 수이징제(水井街)에 있던 양조장 시설을 개축하는 과정에서 원, 명, 청 3대에 걸쳐 사용된 양조장 유적지를 발견했다. 세계에서 가장 오래된 양조장으로 알려진 이 유적지는 지역 명칭에 따라 수이징팡이라 명명되었다. 정부기관인 국가문물국(国家文物局)에서 '1999년도 전국 10대 고고학적 발견'으로 평가할 정도로 주목을 받았다. 취안싱주창은 회사 이름을 '쓰촨수이징팡(四川水井坊)'으로 바꾸고 수이징팡을 대표 브랜드로 생산하게 되었다. 맛이 순하고 뒤끝이 깨끗해 우리나라 사람들이 선호하는 백주 가운데 하나다. 2006년에는 조니워커, 베일리스 등을 생산하는 영국 주류업체 디아지오(DIAGEO)와 손을 잡았다.

명·청시기 수이징제 양조장 유적지

⑧ 진먼가오량주(金门高粱酒 Jīnmén Gāoliángjiǔ)

이 술은 타이완의 진먼다오(金门岛)에서 생산된다. 주로 이 지역에서 생산되는 고량(高粱, 수수)으로 고량주 특유의 강하고 센 맛을 없애고 단맛이

나도록 제조했다. 2015년에는 타이완 총통 마잉주(马英九)와 중국의 시진핑(习近平) 주석의 만찬주로 사용되었다. 지금도 타이완 명주 중 최고봉으로 타이완 백주 시장의 70~80% 점유율을 유지하고 있다. 2004년에는 대륙시장을 공략하기 위해 샤먼(厦门)에 법인을 설립했다.

진먼가오량주(金门高粱酒)

읽을거리 냉전과 열전의 대명사 진먼다오(金门岛)

  2014년 부산국제영화제 개막작으로 타이완 영화 「군중낙원(军中乐园)」이 초청되었다. 중국대륙 코앞에 있는 진먼다오라는 섬에 주둔하는 타이완 군인을 위해 운영되던 공창(公娼)의 매춘부 관리병이 주인공이다. 이렇듯 진먼다오는 군인과 떼려야 뗄 수 없는 곳이고, 냉전시기 20년 이상 하루도 거르지 않고 포탄 47만 발을 쏟아 부은 냉전과 열전의 최전선이었다.

진먼다오 전경

  좁은 섬에 군인만 복닥거리고 연일 대포알이 쏟아지다 보니 주민들의 고통 또한 말이 아니었다. 이런 환경에서 민군합작으로 만들어진 것이 바로 타이완을 대표하는 진먼가오량주다. 그리고 열전의 산물로 쓰레기처럼 널렸던 대포탄피를 재활용한 중국식 부엌칼은 오늘날 진먼다오를 대표하는 또 다른 명품이 되었다. 냉전과 열전의 상징인 진먼가오량주는 이렇듯 양안 화합의 상징으로 거듭나고 있다.

진먼다오(金门岛)

2) 황주(黃酒)

① 자판주(加饭酒 Jiāfànjiǔ)

자판주(加饭酒)

사오싱 양조장

자판주는 황주의 주요 생산지인 저장성 사오싱에서 생산된다. 찹쌀을 주원료로 하며, 당나라 때부터 생산되었다. 이름이 자판(加饭)이어서 '반주로 마시는 술'이라고 알고 있지만 실상은 그렇지 않다. 사오싱에서 생산되는 다른 황주보다 찹쌀을 10%가량 더 사용해 '자판'이라는 이름이 붙었다.

② 화댜오주(花雕酒 Huādiāojiǔ)

화댜오주(花雕酒)

화댜오주는 사오싱에서 생산되는 자판주를 오랫동안 저장하여 만든 것으로, 자판주 중에서도 품질이 뛰어나 고급주에 속한다. 사오싱 지역에서는 예부터 딸이 태어나면 자판주를 빚어 땅에 묻어 두는 관습이 있었다. 이때 사용하는 술 항아리에는 각종 꽃이나 인물 등이 새겨져 있는데, 딸이 커서 시집갈 때 그 항아리를 열어 손님을 대접했다. 그래서 이 술을 "꽃이 새겨져 있다"는 의미의 화댜오주 혹은 뉘얼훙(女儿红)이라 한다.

③ 지모라오주(即墨老酒 Jímò Lǎojiǔ)

산둥의 지모(即墨)에서 생산되는 술로 기장으로 빚어 만든 황주다. 북방에서 생산되는 황주 가운데 생산량이 가장 많다. "남쪽에 사오싱이 있다면 북쪽에는 지모가 있다"라는 말이 있을 정도다.

지모라오주(即墨老酒)

④ 란링메이주(兰陵美酒 Lánlíng Měijiǔ)

수수를 원료로 하여 산둥의 란링(兰陵)에서 생산되는 술이다. 제조 과정에서 바이주를 첨가하므로 알코올 도수가 높아 술맛이 독특하다. 역사가 약 2,000년 되었으며, 이백이 「객지에서의 노래(客中行)」라는 시에서 예찬했을 정도로 고대 중국인도 좋아했다.

란링메이주(兰陵美酒)

읽을거리

가짜 술 이야기

중국에는 가짜 술이 많기 때문에 식당에서 파는 술이 진짜인지 가짜인지 분간하기가 쉽지 않다. 5성급 호텔에서 파는 술도 50%가 가짜이며 백화점이나 면세점에서 파는 고급술조차 가짜가 있다고 한다. 또 "마오타이주를 생산하는 공장 앞에서 가짜 마오타이주를 판다"라는 말이 있을 정도다. 요즘에는 캔맥주도 가짜가 나왔다고 하니 정말 믿고 살 수 있는 것이 무엇일까 하는 생각이 든다. 최근에는 우리나라에서도 중국에서 가짜 우량예를 수입해 판매한 일당이 적발된 적도 있으니 가짜 중국술은 국제적으로도 문젯거리가 되고 있다.

중국에서는 가짜 술로 발생하는 경제적 손실도 엄청나지만, 가짜 술을 마시고 죽었다는 사람도 있어 애주가들을 우울하게 만든다. 2016년에는 가짜 우량예를 마시고 실명했다는 기사도 있었다. 가짜 술로 인한 사건, 사고가 점차 줄어들기는 하지만 여전히 사회적 문제로 자리 잡고 있다. 중국의 주류회사들은 가짜 술을 근절하기 위해 바코드 등 첨단기술을 사용하지만, 가짜 술을 만드는 사람들은 이것마저 도용해 일반인은 진짜와 가짜를 분별해내기가 어렵다.

그러면 가짜 술을 사지 않는 방법은 없을까? 가장 좋은 방법은 자기가 사려고 하는 술을 만드는 공장을 직접 찾아가는 것이다. 중국 외교부에서는 외빈을 접대하기 위해 직접 우량예 공장에 가서 술을 사온다고 한다. 그러나 현실적으로 그렇게 하기는 힘들다. 가장 좋은 것은 까르푸 같은 대형마트에서 사는 것이다. 이러한 대형마트에서는 자신들의 이미지 때문에 술의 진위 여부를 엄격하게 검사한다는 것이 정설이다. 그리고 가능하면 비싼 술은 사지 않는 게 좋다. 비싼 술일수록 가짜가 더 많기 때문이다. 중저가여도 괜찮은 술이 많으니 차라리 이런 술을 사는 것이 가짜를 피할 확률이 높으며 설사 가짜라 해도 마음이 덜 아플 테니 말이다.

3) 칭다오맥주

2008년 베이징 하계올림픽에서 요트경기를 지켜본 사람들은 누구나 칭다오의 아름다운 바다에 매료되었다. 물론 지금도 칭다오는 칭다오맥주로 더 유명하지만, 중국인이면 누구나 노후를 보내고 싶어 하는 로망이 담긴 도시다.

칭다오는 청대까지 자오아오(胶澳)로 불리며 북해함대 사령부가 위치한 전략적 요충지였다. 1895년 청일전쟁에서 패배한 중국은 시모노세키조약으로 랴오둥(辽东)반도를 일본에 할양했지만 '삼국(러시아, 독일, 프랑스)간섭'으로 랴오둥반도를 되찾았다. 하지만 독일이 칭다오 일대의 자오저우(胶州)만을 조차하고 칭다오에 독일식 건물을 지었다. 이 이국적인 지역을 지금도 라오제(老街)라고 부른다.

이 지역에 1903년 영국과 독일의 상인이 합자하여 설립한 게르만칭다오맥주회사가 칭다오맥주의 기원이 된다. 하지만 1918년 제1차 세계대전이 독일의 항복으로 끝나자 승전국인 일본이 이 칭다오를 빼앗았다. 독일인이 건설한 칭다오맥주의 생산기지들도 일본 손으로 넘어갔고 1903년 설립된 게르만칭다오맥주회사의 경영 또한 대일본맥주회사로 넘어갔다. 1945년 일본의 투항으로 회사 운영을 국민당 정부가 관리하게 되었으나 1949년 신중국이 성립된 이후에는 '궈잉칭다오피주창(国营 啤酒厂)'이라는 국영기업으로 전환되었으며, 1990년대 후반을 전후로 전국 각지에서 대규모 합병, 합자, 인수 등을 진행하여 현재와 같이 규모가 큰 맥주회사로 발전하게 되었다.

칭다오국제맥주축제(青岛国际啤酒节)

칭다오맥주는 라오산(崂山)의 맑은 물을 사용하고 호프를 많이 넣어 맛이 부드럽고 향이 상큼한 것이 특징이다. 현재까지 80여 개 나라로 수출하며 우리나라에서도 큰 인기를 끌고 있다. 칭다오시는 1991년부터 해마다 8월에 칭다오국제맥주축제(青岛国际啤酒节)를 열어 칭다오맥주의 명성을 대외에 선전하고 있다. 이렇듯 칭다오맥주는 산둥의 질 좋은 맥아에 라오산의 맑은 물을 사용하고 독일의 원천기술에 일본식 경영이 더해져 전 세계인의 사랑을 받는 맥주가 되었다.

라오산(崂山)

08

해외에서 맛보는 중국음식

글로벌 시대에 지구촌 어디를 가든 한국음식점은 없어도 중국음식점은 있다. 길든 짧든 해외에서 생활하다 보면 집밥이 그립지 않을 수 없다. 그럴 때면 중국음식점에 가서 중국음식을 먹으면서 아쉬운 대로 집밥에 대한 그리움을 달래기도 한다. 이렇듯 세계 곳곳에 있는 중국음식점은 흔히 화교라고 불리는 중국계 현지인들이 운영하고 있다. 이들은 중국 본토에서도 맛볼 수 있는 음식을 팔기도 하지만, 한국의 자장면이나 짬뽕처럼 중국에서도 한국음식점에서나 맛볼 수 있는 현지 토착화된 음식을 팔기도 한다.

미국에 사는 화교(중국계 미국인)는 미국의 서부 개척이 본격화되고 부족한 인력을 중국인으로 메꾸면서 본격적으로 이주하였다. 이런 육체노동자를 보통 인도에서 노동자나 노예를 뜻하는 단어인 '쿨리(coolie)'라고 불렀는데, 후에 중국어로 쿠리(苦力)라고 음역하여 사용하였다. '힘든 노동'을 뜻하는 단어와 원래 의미가 잘 맞아떨어진다. 이들은 주로 철도 건설과 광산 채굴업에 종사하며 샌프란시스코를 비롯한 캘리포니아에 모여 살면서 자연스럽게 차이나타운을 형성하였다. 후에 하와이의 사탕수수밭이나 캘리포니아의 포도밭에서 일하는 농업 종사자들이 이주하면서 차이나타운은 급성장하게 되었다. 현지사회에 정착한 화교는 흑백 인종차별 철폐가 본격화되던 1960년대 이후 급성장하였다. 여기에 동양인 특유의 교육열이 한몫하였다.

한국이나 일본은 아주 오래전부터 중국과 교류가 밀접했던 만큼 많은 중국인이 이주하고 정착했지만 이들은 대부분 현지에서 동화되어 한국인, 일본인으로 살고 있다. 현재 화교들은 대부분 근세에 이주해온 사람들의 후예이다. 한국이나 일본 모두 중화인민공화국 건국 이후 대륙과 교류 단절 기간이 있었던 만큼 화교들도 두 부류로 나뉜다. 수교 이전부터 살고 있던 화교들은 대부분 중화민국(타이완) 국적을 가지고 있는 반면, 수교 이후 대륙에서 건너온 중국인들은 중화인민공화국 국적을 가지고 있다. 국적이 서로 다른 이들 두 집단은 이념적으로나 교류면에서 남한과 북한만큼이나 격절되어 있다.

한국에 정착한 화교들은 대부분 임오군란(1882) 이후 대원군 세력을 몰아내기 위한 명성황후의 요청으로 진주한 청나라 군대와 함께 온 화상의 후예라는 것이 정설이다. 당시 조선으로 파견된 군함과 상선의 출발지가 옌타이(烟台)였기 때문에 한국의 화교들은 대부분 산둥성 출신이다. 반면 일본의 화교는 일본이 청일전쟁 이후 타이완을 식민지배(1895~1945)할 때 타이완에서 이주한 사람들이 주류를 이루고 있다.

📮 일본과 한국의 중국음식

1) 나가사키짬뽕과 짬뽕

일본 나가사키의 차이나타운

1549년 예수회신부 프란치스코 하비에르가 일본 규슈의 가고시마(鹿儿岛)에 상륙하여 동서양 교류의 물꼬를 텄다. 이후 인도의 고아(Goa)에서 출발한 배가 규슈의 가고시마나 나가사키까지 오기 위한 중간 기착지로 중국의 마카오가 이용되면서 포르투갈 상선을 따라 중국인들도 일본에 들어오게 되었다. 에도시대로 접어들면서 그리스도교 박해가 시작되자 일본은 나가사키 이외에는 외국과 교류를 금하였다. 서양 세력도 포르투갈에서 네덜란드로 바뀌었으며 네덜란드인을 따라 중국 상인들도 본격적으로 진출하여 1680년대에는 나가사키에 당인촌이라는 차이나타운이 생겼다. 당시 나가사키에 들어온 중국인은 주로 푸젠성과 광둥성 출신 상인들이었다.

나가사키짬뽕은 푸젠성 출신 화교 천핑순(陈平顺)이 나가사키 지역의 중국인 유학생들을 배불리 먹이기 위해 푸젠의 탕러우쓰몐(汤肉丝面)을 변형한 데서 비롯되었다는 것이 정설이다. 나가사키짬뽕은 저렴한 가격에 다양한 재료가 푸짐하게 올라간 음식으로, 당시 가진 것이 없던 중국 유학생과 화교의 배를 채워주었다.

일본의 나가사키짬뽕과 우리 짬뽕

반면 우리나라 사람들이 좋아하는 짬뽕은 중국어로 차오마몐(炒码面 chǎomǎmiàn)이라 한다. 짬뽕의 유래에 대해서는 두 가지 설이 있다. 중국의 차오마몐이 나가사키짬뽕을 시초로 일본에 전해지면서 "한데 섞는다"는 의미의 '찬폰(ちゃんぽん)'으로 불리게 되었다는 설이다. 또 다른 설은 비슷한 시기에 인천에 정착한 화교들이 주변에서 구할 수 있는 해물과 채소로 한국인 식성에 맞게 매콤한 음식을 만들었고, 이 음식을 일본어로 '찬폰(ちゃんぽん)'이라고 부르다가 '짬뽕'이 되었다는 설이다. 어찌되었든 나가사키짬뽕과 짬뽕은 이제 한국과 일본 두 나라 국민의 입맛을 사로잡는 음식이 되었다.

2) 라멘

라멘을 일본의 전통음식으로 알고 있는 사람들이 많지만, 라멘은 사실 일본에서 발전한 중화요리의 한 종류이다. 라멘의 역사는 메이지시대로 거슬러 올라간다. 당시에는 이미 고베, 요코하마, 나가사키 등지에 차이나타운이 형성되어 있었는데, 이 차이나타운을 난징(南京)의 광둥어 발음을 차용하여 난킨마치(南京町, なんきんまち)로 불렀다. 그리고 이곳에서 팔던 중국식 면요리를 난킨소바(南京そば)라고 불렀다. 물론 소바(そば)는 일본 고유의 면요리에 해당하지만, 난킨소바의 '소바'는 면요리의 일반 명칭으로 붙인 것이다.

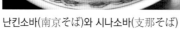
난킨소바(南京そば)와 시나소바(支那そば)

1920년대 도쿄의 중국음식점에서 인기 있던 요리 중 하나가 시나소바(支那そば)이다.* 시나소바는 난킹소바에서 이름만 바뀐 것이 아니라 맛 또한 일본인의 입맛에 맞게 변형되어 널리 유행하였다. 시나소바는 중국식이면서도 일본의 면요리를 융합했다. 시나소바에서 사용하는 면은 중국식으로 만들었기 때문에 '중화'를 일본식으로 발음하여 추카소바(中华そば)라고 불렀다. 국물도 닭이나 다른 고기를 사용하는데, 이 역시 일본의 전통 면요리와 다르다. 이렇게 차이도 있지만 간장소스를 사용한

추카소바(中华そば)

다는 점은 일본식과 같다. 기존의 중국 면요리는 간장을 거의 사용하지 않았지만, 시나소바 국물은 대부분 간장으로 만들어진다. 고명에도 중국식과 일본식의 융합이 일어난다. 시나소바에는 기본적으로 죽순, 돼지고기, 어묵, 해조류 등을 고명으로 사용하는데, 이 중 어묵과 해조류 등은 일본 전통 면요리에서도 사용하는 것이다. 그래서 시나소바는 일본인의 입맛에도 맞는 면요리가 된 것이다. 제2차 세계대전 후 시나소바라는 이름은 추카소바로 대체되었고 요리 방식도 조금 바뀌었다. 예를 들어 이전에는 맑은 닭국물만 사용했지만 이 당시에는 돼지뼈를 이용한 하얀 국물도 사용하기 시작하였고, 볶은 채소를 고명으로 쓰기도 하였다.

'라멘'이라는 명칭은 1950년대 중반부터 사용하기 시작하였다. 명칭의 기원에 대해서는 여러 가지 설이 있으나, 밀가루 반죽을 늘리며 면을 만드는 방식에서 유래되었다고 보는 것이 가장 타당한 것 같다.**

---

* 시나 : 영어단어 '차이나'를 한자로 음역한 지나(支那)를 일본식 독음(しな)으로 읽은 것이다. '조선사람'을 뜻하는 '조센징'이라는 단어처럼 비하하는 의미가 담겨 있다.
** 라멘의 '라'는 중국어에서 '잡아당기다'는 의미의 '拉(랍 lā)'자에서, '멘'은 '면 종류'를 나타내는 '面(면 miàn)'자에서 비롯되었다.

3) 싯포쿠요리

싯포쿠(卓袱, しっぽく)는 "식탁보로 식탁을 덮는다"는 뜻이다. 원형 탁
자에 요리를 가득 차리는 것을 비유한 말이다. 말 그대로 단품요리의 명
칭이라기보다는 여러 음식을 포함한 연회용 세트메뉴를 뜻한다. 에도시기에
대외적으로 유일하게 개방되었던 나가사키 지역에서 만들어지고 발전한 요리이다.
중국음식점에서 제공되었기 때문에 중화요리로 분류되지만, 일본과 네덜란드풍 요리
가 포함되어 있다. 그래서 일본, 중국, 네덜란드 요리가 혼합되었다는 의미로 와카란
(和华兰)요리라고도 불린다.

🫖 2 미국의 중국음식

1) 찹수이(Chop suey)

한국과 일본에서 중국요리 중에서도 면요리가 초창기부터 인기를 끌었다면, 미국에서는 찹수이(Chop suey)라고 불리는 볶음요리가 먼저 인기를 끌었다. 찹수이는 여러 가지 채소를 볶아서 밥이나 면에 올려 푸짐하게 내놓는 음식이다. 쿨리라고 불리는 중국인 노동자들이 많았던 19세기 말부터 중국음식점의 대표요리였고, 저렴한 덕에 중국인뿐만 아니라 미국의 서민들도 자주 찾던 음식이다. 초창기에는 'chow chop soy(볶은 찹수이)' 등 몇 가지 명칭으로 불리다가 20세기 초반부터 찹수이로 고정되었다. 한자로는 '杂碎(zásui)'라고 표기하는데 중국에는 이런 요리명이 없다.

찹수이(Chop suey)

2) 로메인(Lo mein)

광둥방언인 로우민(撈面 loumin, 표준어발음 lāomiàn)에서 기원하였다. '撈'라는 글자는 광둥어로 '비비다'라는 의미를 가지기 때문에 '비빔면' 혹은 '볶음비빔면'이라고 보면 된다. 채소와 고기에 간장과 굴소스 등의 조미료를 사용하여 볶아내는 중국식 볶음면이다. 주된 재료가 고기냐 해산물이냐에 따라 치킨 로메인, 포크 로메인, 새우 로메인 등 다양한 명칭으로 불린다.

로메인(Lo mein)

3) 제너럴 쏘 치킨(General Tso chinken)

'제너럴 쏘(General Tso)'는 1800년대 후반 중국에서 양무운동을 이끌었던 쭤쭝탕(左宗堂, Zuǒ Zōngtáng)*을 가리키지만 이 요리는 쭤쭝탕과는 아무런 관련이 없다. 후난성 출신인 펑장구이(彭长贵)라는 요리사가 1952년 타이완에서 미군 장성들을 대접하는 과정에서 새롭게 만들어낸 닭튀김 요리이다. 당시 누군가가 이 요리 이름을 묻자 무심코 자신의 고향 출신 장군이었던 쭤쭝탕의 이름을 붙이게 되었다고 한다. 1973년 펑장구이가 뉴욕 맨해튼에 중국음식점을 개업하자 키신저 등 유명인사들이 자주 와서 이 음식을 즐겼다고 한다. 우리나라의 닭강정과 비슷한데 새콤달콤한 맛이 난다.

제너럴 쏘 치킨(General Tso chinken)

읽을거리 테이크아웃

미국의 중국음식은 화교뿐 아니라 미국인에게도 인기가 많다. 인기 비결 중 하나는 대부분 저녁 늦게까지 영업을 하고, 테이크아웃 방식으로 음식을 판매하기 때문이다. '철가방'으로 대표되는 한국이나 일본의 배달문화와 달리 미국에서는 테이크아웃문화가 보편적이다. 닭이 먼저인지 계란이 먼저인지는 모르겠지만 미국의 중국음식은 테이크아웃에 적합하도록 볶음 위주여서 국물이 거의 없고, 음식을 담는 용기도 기다란 사각형 모양 종이로 만들어졌다. 미국 드라마나 영화를 보다 보면 야근하는 미국인들이 늦은 저녁에 종이상자를 들고 서툰 젓가락질을 하는 장면이 나온다. 이들이 먹는 것이 바로 테이크아웃한 중국요리이다. 그만큼 테이크아웃과 사각 모양 종이용기는 미국을 대표하는 모습의 하나로 자리매김하였다.

---

* 쭤쭝탕(左宗堂) : 후난성 상인현(湘阴县) 출신. 청나라 말기의 정치가로 1851년 태평천국이 건국되자 리홍장(李鸿章)과 함께 쩡궈판(曾国藩)이 이끌던 의병조직인 상군(湘军)에 가담하여 공을 세웠다. 양무운동(洋务运动)의 선구자가 되었다.

4) 포춘쿠키(Fortune Cookies)

미국의 중국음식점에서 빼놓을 수 없는 것이 포춘쿠키이다. 포춘쿠키는 서양의 디저트문화와 함께 미국과 유럽 등지의 중국음식점에서 발전하였다. 전병을 반달 형태로 접은 모양이며 속은 비어 있어서 쿠키를 반으로 쪼개면 그 안에서 종이쪽지가 나온다. 그 쪽지에 오늘의 운세나 행운의 숫자 등이 씌어 있는 데서 '포춘쿠키'라는 명칭이 유래하였다. 포춘쿠키는 1800년대 일본의 교토에서 차와 함께 먹는 과자로 처음 만들어졌고, 1910년대 샌프란시스코의 일본 과자점에서 미국인에게 처음 제공한 것으로 추정한다. 제2차 세계대전에서 미국과 일본이 전쟁을 벌이게 되자 당시 미국에 체류하던 일본인은 수용소로 보내졌고, 일본인이 제공하던 포춘쿠키를 중국인이 중국음식점에서 디저트로 제공하면서 포춘쿠키는 중국음식점을 대표하는 디저트가 되었다.

읽을거리

중국음식증후군

1968년 로버트 호만 궉(Robert Homan Kwok)이라는 의사가 중국음식점에서 음식을 먹고 난 후 목 뒤가 저리고 마비되는 증상을 느꼈고, 이 증상이 점차 팔과 등으로 퍼져갈 뿐 아니라 심장이 뛰면서 노곤해지기까지 했다. 이 황당한 증상은 두 시간 이상 계속되었다. 그가 자신이 직접 겪은 일을 의학전문지에 보고하면서 이런 증상을 '중국음식증후군(Chinese restaurant syndrome)'이라 부르게 되었다. 중국음식증후군은 중국요리에 들어가는 소스와 양념에 들어가는 글루탐산나트륨(MSG)이 원인인 것으로 추정한다.

우리집에서 중국요리를!

15가지 중국요리의 비밀 Recipe

자창더우푸 (家常豆腐 jiācháng dòufu)

자창더우푸는 이름 그대로 '집에서(家) 늘 먹는(常) 두부(豆腐)' 요리이다. 중국에서는 일반적인 두부요리에 연두부를 사용하는 데 비해, 자창더우푸를 만들 때는 한국에서처럼 경두부를 재료로 사용한다. 자창더우푸는 양면을 노르스름하게 구워낸 두부에 얇게 썬 돼지고기, 콩짜개, 파, 생강, 마늘을 넣고 볶다가 청주, 소금, 조미료 등으로

간을 맞춘다. 요리법은 한국의 두부조림과 비슷하다. 지극히 평범한 음식이기는 하지만 집밥이 그리운 사람들에게는 엄마를 더 생각나게 하는 밥반찬이다.

준비물

두부(700g), 돼지고기(100g),
마늘 총, 식용유, 청주(25g),
더우반장(豆瓣醬), 참기름,
색감을 돋우기 위한 색깔채소,
목이버섯

자창더우푸(家常豆腐)

조리순서

① 두부를 가로·세로 5cm 정도 길이, 1cm 두께의 삼각모양으로 만든 뒤, 소금을 뿌려 조금 재어두고 수분을 제거한다.
② 잘게 다진 돼지고기에 더우반장을 넣고 버무린다.
③ 마늘 총을 2cm 정도의 길이로 잘라 준비해둔다. 이때 색감을 돋우기 위한 색깔채소도 적당량 준비한다. 목이버섯이 있으면 적당량을 불려서 준비해둔다.
④ 청주를 데운 뒤 더우반장을 넣어서 잘 섞는다.
⑤ 식용유를 뜨겁게 달군 뒤 두부를 넣고 양면이 모두 노르스름하게 익으면 집어낸다.
⑥ 뜨거운 식용유에 돼지고기 다진 것을 넣어 익힌다.
⑦ 두부와 소금을 넣고, 더우반장을 섞은 청주를 넣은 뒤 조려서 수분을 제거한다.
⑧ 마늘과 참기름을 넣은 뒤 다시 볶아 완성한다.
⊕ 간 돼지고기를 넣은 만능간장이 있으면 두부에 바로 넣고 조려도 된다.

토마토계란볶음 (西红柿炒鸡蛋 xīhóngshì chǎo jīdàn)

토마토계란볶음은 중국에서 가장 흔하게 접할 수 있는 음식 중 하나이다. 우리 생각으로는 토마토와 계란의 조합이 얼핏 이해가 안 될 수 있지만 먹어보면 이 요리에 빠지지 않을 수 없다. 특히 간단한 재료만으로 집에서도 쉽게 만들 수 있어 많은 사람들의 사랑을 받고 있다.

 준비물

계란, 토마토,
식용유, 설탕, 소금, 전분 등

토마토계란볶음(西红柿炒鸡蛋)

 조리순서

① 토마토를 끓는 물에 2분 정도 담갔다가 뺀다. 이렇게 하면 토마토 껍질을 벗기기 쉽다.
② 깍두기 크기 정도로 썬 토마토를 달군 프라이팬에 기름과 함께 넣은 후 국자로 눌러 납작하게 만든다.
③ 토마토가 걸쭉해지면 설탕과 소금을 적당량 넣어 조미한 후 다른 용기에 담아 놓는다.
④ 계란을 깨 그릇에 넣고, 소금을 넣고 잘 저은 후, 물을 한 숟가락 정도 넣어 계속 젓는다.
⑤ 잘게 썰어 놓은 파를 넣고 계속 젓는다.
⑥ 달군 프라이팬에 식용유를 두르고 준비한 계란 물을 넣은 후 익기 시작하면 잘 휘저어 계란을 잘게 부순 뒤 프라이팬에서 꺼내 놓는다.
⑦ 토마토를 뭉텅뭉텅 썬다.
⑧ 달군 프라이팬에 식용유와 생강채를 넣어 향미를 낸 뒤, 토마토 조각을 센 불로 볶는다.
⑨ 맛술을 조금 뿌리고 센 불에 몇 번 뒤집으며 볶은 뒤 만들어 둔 ③의 토마토장을 천천히 넣는다.
⑩ 볶아 놓은 계란을 프라이팬에 넣은 후 잘게 다진 파를 얹어 그릇에 담으면 끝!

 TIP

위의 조리 순서가 복잡하면 다음과 같이 간단하게 조리해보자.
① 토마토를 깨끗이 씻은 후 뭉텅뭉텅 썬다.
② 계란에 소금을 적당량 넣은 후 젓는다.
③ 프라이팬에 식용유를 두르고 계란을 넣은 후 잘게 짓이겨 익힌 후 꺼낸다.
④ 프라이팬에 다시 식용유를 조금 더 두르고, 기름이 뜨거워진 후 토마토를 몇 번 뒤집어가며 볶다가 계란을 넣는다.
⑤ 설탕과 소금을 넣고 잘 저으며 볶은 후 전분을 넣어 걸쭉하게 한다.
⑥ 그릇에 담은 후 파를 뿌린다.

토마토계란탕 (西红柿鸡蛋汤 xīhóngshì jīdàn tāng)

토마토와 계란은 볶음만 있는 것이 아니다. 탕으로 만들
어 먹어도 훌륭한 맛을 낸다. 토마토계란볶음처럼 간단한
재료로 집에서 쉽게 만들 수 있기에 중국인은 물론 많은
한국인들의 사랑을 받고 있다.

준비물

계란, 토마토,
참기름, 치킨스톡(鸡精),
소금, 생강, 파, 마늘 등

토마토계란탕(西红柿鸡蛋汤)

조리순서

① 토마토를 깨끗하게 씻은 후 뭉텅뭉텅 자른다.
② 파, 생강, 마늘을 잘게 썬다.
③ 계란을 풀어서 젓는다.
④ 냄비에 기름을 두르고 중불로 파, 생강, 마늘 빻은 것을 넣고 볶는다.
⑤ 토마토를 넣고 볶는다.
⑥ 적당량의 물과 소금을 넣는다.
⑦ 끓기 시작하면 계란 푼 것과 치킨에센스, 참기름을 넣은 뒤 바로 꺼낸다.
⑧ 그릇에 담는다.

궁바오지딩 (宮保鸡丁 gōngbǎo jīdīng)

궁바오지딩은 닭다리살(또는 닭가슴살)을 깍둑썰기해서
땅콩, 매운 고추, 대파 등과 함께 볶은 쓰촨지역의 대표적
인 요리이다. 붉은 윤기가 돌고 매운 향이 진하게 느껴지
지만 매운맛은 그다지 강하지 않아서 우리 입맛에 잘 맞는
편이다. 고추의 매콤함과 부드러운 닭고기의 육질 그리고
땅콩의 고소함과 바삭함이 함께 어우러지는 것이 이 요리
의 매력이다.

준비물

닭다리살(또는 닭가슴살) 적당량,
대파, 볶음 땅콩, 건고추,
소금 1/3티스푼, 간장 1스푼,
식초 1스푼, 설탕 1/2티스푼,
생강 적당량, 마늘 적당량,
전분 1티스푼, 화자오 적당량,
후추 적당량, 맛술 적당량

궁바오지딩(宮保鸡丁)

조리순서

① 닭다리(또는 닭가슴)살을 엄지손톱 크기로 깍둑썰기 한다. 여기에 전분, 간장, 맛술을 적
  당량 넣어 10분 정도 재어둔다.
② 마늘과 생강은 다지고 대파는 송송썰기를 해 둔다. 건고추와 화자오(花椒)를 함께 준비한다.
③ 바삭바삭한 볶음 땅콩을 준비한다.
④ 그릇에 전분, 소금, 후추, 설탕, 식초, 간장을 섞어 양념을 미리 만든다.
⑤ 팬에 기름을 조금 두르고 기름의 온도가 따뜻해지면(약 150도 정도) 먼저 건고추, 화자오
  를 넣고 볶는다. 그 다음 생강, 대파, 마늘을 넣고 향이 나도록 계속 볶는다. 이때 대파는
  준비한 양의 절반만 넣는다.
⑥ 재어 둔 닭고기를 팬에 넣고 센 불로 고기가 익을 때까지 볶는다.
⑦ 만들어 둔 양념을 팬에 넣고 계속 빠르게 볶는다.
⑧ 남은 절반의 대파를 넣고 계속 볶다가 볶음 땅콩을 넣고 익히면서 마무리한다.

Recipe 5

징장러우쓰 (京酱肉丝 jīngjiàng ròusī)

이 요리는 돼지고기 등심에 각종 양념을 넣은 황장(黄酱)
또는 톈몐장(甜面酱)을 넣고 볶아서 만든다. '경(京)'자가
들어간 것으로부터 알 수 있듯이 베이징의 대표적인 요리
이다. 먹을 때는 보통 파채와 함께 얇은 두부피로 싸서 먹
는데, 베이징카오야(北京烤鸭)를 먹는 방식과 유사하다.
얇게 채 썬 오이를 곁들여 먹는 경우도 있다. 우리말로는
'양념장 돼지고기 채 볶음'이라고 번역할 수 있다.

 준비물

돼지고기등심 344g,
파 3줄, 생강 2조각, 마늘 2쪽,
소금 1/5 스푼, 달걀 흰자위 반,
녹말 1스푼, 닭고기 다시다 1/3스푼,
식용유 4스푼, 톈몐장 3스푼,
조리용 술 1스푼, 백설탕 1/3스푼

징장러우쓰(京酱肉丝)

 조리순서

① 돼지고기를 얇게 썰어 조리용 술 1스푼, 소금 1/5스푼, 달걀 흰자위 반, 녹말 1스푼, 닭고
기 다시다 1/3스푼을 넣어 고르게 섞고, 15분간 절인다.

② 파를 가늘게 썰어 접시에 둔다. 1/3 그릇 정도의 맑은 물에 생강 조각과 작게 썬 파를 넣
어 골고루 젓는다.

③ 식용유 3스푼을 넣어 가열한 후 얇게 채 썬 돼지고기를 넣어 고기색이 하얗게 될 때까지
볶고, 그릇에 담아 둔다. 녹말 1/2스푼과 맑은 물 3스푼을 섞는다.

④ 식용유 1스푼을 더 넣어 가열한 후, 톈몐장 3스푼을 넣어 약간 볶는다. 조리용 술 1/2, 닭
고기 다시다 1/3스푼, 백설탕 1/3스푼과 파와 생강을 섞은 물을 넣어 골고루 볶으며 부글
부글 끓인다.

⑤ 돼지고기를 넣고 골고루 젓고 나서, 톈몐장을 골고루 고기 위에 뿌리고, 녹말물을 넣어 걸
쭉하게 하여 톈몐장이 걸쭉한 모양이 되게 한다.

⑥ 돼지고기를 꺼내어 파채를 둔 접시에 담아 골고루 섞어 먹는다.

디산셴 (地三鮮 dìsānxiān)

동북지방의 전통요리이다. 요리 이름을 직역하자면 '땅에서 나는(地) 세 가지(三) 신선한 재료(鮮)'로, 이름에서 알수 있듯이 원래의 주재료는 가지, 감자, 피망 세 가지이다. 경우에 따라서는 죽순이나 청경채 또는 계절 채소 등으로 대체하거나 추가해도 된다. 감자와 가지 등 주재료를 먼저 기름에 튀겨서 조리하는 것이 특징이다. 건강을 위해서는 기름기를 최소화하는 것이 좋지만 요리 고유의 조리법과 맛도 무시할 수 없다. 덮밥으로 만들어 먹어도 좋은 음식이다.

 준비물

감자 1개, 가지 2개,
피망 1개(또는 풋고추), 파,
생강, 마늘, 소금, 간장, 설탕,
전분, 식용유

디산셴(地三鮮)

 조리순서

① 감자, 가지, 피망을 깨끗이 씻은 후, 감자와 가지는 껍질을 벗긴 후 뭉텅 썰기하고, 피망이나 고추는 적당한 크기로 자른다. 목이버섯과 당근을 넣으면 식감과 색감을 돋우는 데 좋다.
② 파, 마늘, 생강 등은 다져서 준비한다.
③ 전분 가루를 물(또는 육수)에 풀어 놓는다.
④ 기름 냄비에 열을 가한 후 기름이 뜨거워지기 시작하면 먼저 감자를 넣고 노릇노릇해질 때까지 튀긴 다음 건져낸다.
⑤ 가지도 노릇노릇해질 때까지 튀긴 다음 건져낸다. 피망(고추)은 살짝 익혀낸다.
⑥ 냄비에 뜨거운 기름을 조금 남긴 뒤 파와 생강과 마늘 다진 것을 넣어서 향을 낸다.
⑦ 설탕, 소금, 간장을 넣은 다음에 전분물을 넣는다. 이때 굴소스를 함께 넣어도 좋다.
⑧ 전분 물이 끓으면 주재료를 넣고 골고루 잘 섞어가며 1분 정도 센불에 조린다. 접시에 옮겨 담기 직전에 마늘 다진 것을 더 넣어도 별미이다.

샹구유차이 (香菇油菜 xiānggū yóucài)

표고버섯과 청경채가 어우러진 장쑤(江苏) 요리이다. 끓
는 물에 살짝 데치거나 기름에 살짝 볶은 청경채의 아삭
하고 상쾌한 식감이 양념이 밴 표고버섯의 깊은 향과 잘
어울리는 음식이다. 표고버섯의 짙은 갈색과 청경채의 청
록색이 대비를 이루어 시각적으로도 보기가 좋다. 영양가
가 높고 먹을수록 감칠맛이 나며 만들기도 간편하다. 이와

거의 같은 음식으로 샹구차이신(香菇菜心 xiānggū càixīn)도 있다. 청경채 대신 유차이 순의 일종인 차이
신(菜心)을 사용하며 광둥, 홍콩 등 중국 남쪽 지역에서 많이 즐긴다.

 준비물

표고버섯과 청경채 적당량,
식용유, 참기름, 소금,
맛간장(生抽), 양조식초, 굴소스,
전분가루, 다진 마늘, 생강,
닭고기 육수

샹구차이신(香菇菜心)

 조리순서

① 청경채를 물에 씻어 물기를 빼고 길이 방향으로 절반 또는 1/4로 잘라 준비한다.
② 표고버섯은 꼭지를 제거하고 물에 씻어준다. 마른 표고버섯의 경우 온수에 충분히 불린
  후 물기를 빼서 준비한다. 준비된 표고버섯은 그대로 조리해도 되지만 기호에 따라 윗부
  분에 칼집을 내서 꽃모양을 만들거나 적당한 크기로 썰어서 사용해도 된다.
③ 작은 공기에 닭고기 육수(또는 물)를 반쯤 넣고 맛간장(生抽), 양조식초, 굴소스, 전분가
  루 적당량을 넣고 잘 섞어 준비해 둔다.
④ 프라이팬에 적당량의 물을 넣은 후 약간의 소금과 참기름을 넣고 끓인다.
⑤ 물이 끓으면 준비된 청경채를 넣어 1분 정도 데친 후 건져 접시에 보기 좋게 올려놓는다.
⑥ 빈 프라이팬에 적당량의 식용유를 넣고 가열한 후 다진 마늘과 생강을 적당량 넣고 볶아
  향을 내준다.
⑦ 준비한 표고버섯과 약간의 소금을 넣고 살짝 볶아준다.
⑧ 작은 공기에 만들어 놓은 소스를 프라이팬에 넣고 저으면서 걸쭉해질 정도로 조려준다.
⑨ 조릴 때 마지막에 기호에 따라 다진 홍고추를 조금 넣어줘도 좋다.
⑩ 미리 접시에 담아 둔 청경채 위로 조리된 표고버섯을 보기 좋게 올려주면 완성된다.

양저우차오판 (扬州炒饭 Yángzhōu chǎofàn)

장수성(江苏省) 양저우(扬州)시에서 유래한 볶음밥이다. 우리들이 중국집에서 흔히 먹는 계란볶음밥과 유사하다. 다만, 계란 외에도 햄, 칵테일새우, 당근, 파 등의 재료가 들어가는 것이 다르다. 이 볶음밥의 유래에 대해서는 두 가지 설이 있는데, 하나는 수나라의 황제 양제(煬帝)가 양 저우를 순례할 때 자신이 즐겨 먹던 계란볶음밥을 양저우 에 전했다는 설이고, 다른 하나는 춘추시대 때 일반 백성들이 점심을 먹고 남은 밥에다 계란 등을 넣어 볶아서 먹은 것이 전해졌다는 설이 있다.

 준비물

쌀밥, 계란, 햄, 칵테일새우,
청대콩, 당근, 옥수수알,
다진 파, 황주, 소금, 후추

양저우차오판(扬州炒饭)

 조리순서

① 햄을 옥수수알 정도로 잘고 네모지게 썬다.
② 계란을 그릇 안에 넣고 소금과 다진 파를 넣어 골고루 섞는다.
③ 팬을 가열한 뒤 식용유를 넣고 계란을 흩뿌린다.
④ 청대콩, 다진 파, 당근, 옥수수알을 넣고 골고루 볶는다.
⑤ 햄을 넣고 골고루 볶으면서 황주를 조금 넣어 맛을 낸다.
⑥ 칵테일새우를 넣고 골고루 볶으면서 소금과 후추를 넣어 간을 맞춘다.
⑦ 쌀밥을 넣어 빠르게 볶다가 밥 향기가 진동하기 시작하면 접시에 담는다.

Recipe 9

둥포러우 (东坡肉 dōngpōròu)

요리 이름에 드러나듯 송나라 때의 문호 소식(苏轼)에 의해 만들어지고 유명해진 요리이다. 돼지고기의 비곗살과 살코기가 섞여 부드러우면서도 느끼하지 않다. 둥포러우는 향, 식감, 색감이 모두 뛰어나다. 조리용 술과 갖가지 향신료를 넣어 향이 깊고 진하며 진간장을 넣고 졸여 붉은 색감이 먹음직스럽다. 둥포러우의 레시피는 대단히 다양하다. 일종의 고기 조림이니 양념의 종류와 비율, 불 조절, 조리 시간 등이 다양해지는 것은 당연한 일이겠다. 여기서는 평균적인 조리법을 소개한다.

준비물

삼겹살 500g,
황주(黃酒), 장유(酱油),
대파 한 뿌리(혹은 실파 약간),
생강 약간, 설탕,
얼음설탕(冰糖) 약간, 소금 약간

둥포러우(东坡肉)

조리순서

① 삼겹살을 깨끗이 씻은 후 약 4cm×4cm×4cm 크기의 정방형으로 잘라 끓는 물에 약 5분간 데쳐 핏기를 제거하고 다시 깨끗이 씻어둔다. 이때 고기의 크기는 익으면 줄어드는 정도를 감안해 조절한다.

② 뚝배기 바닥에 적당한 길이로 썬 대파를 깔고 그 위에 편으로 썬 생강을 올린다. 이때 바닥의 고기가 눌어붙지 않도록 대나무 발을 깔고 그 위에 파와 생강을 얹기도 한다. 위 ①의 고기를 껍질이 아래로 가도록 그 위에 얹는다.

③ 황주, 성처우장유(生抽酱油, 맛간장)와 라오처우장유(老抽酱油, 진간장), 얼음설탕, 소금 등 양념을 넣고 뚜껑을 덮어 센 불에 올린 후 끓기 시작하면 약불로 낮추어 약 1시간 반 내지 2시간 정도 삶는다. 간장은 성처우와 라오처우를 섞어 쓰는 것이 정통 조리법이다. 이때 성처우와 라오처우의 비율은 다양한데 가장 일반적인 것은 5:1이다. 한국 간장을 사용할 경우 장유보다 염도가 높으므로 양을 조절한다.

④ 1인용의 작은 뚝배기로 고기를 적당량(한 덩이)씩 옮겨 담는데, 이때는 껍질이 위로 오도록 한다. 큰 뚝배기에 남은 육수재료는 걸러내 버리고 육수만 다시 작은 뚝배기에 옮겨 담아 뚜껑을 덮고 찜기에서 센 불로 약 20분간 찐다.

⑤ 작은 뚝배기 그대로 내기도 하고, 데친 청경채를 살짝 볶아 접시에 둘러 깔고 가운데에 껍질이 위로 오도록 고기를 담은 후 육수를 살짝 끼얹어 내기도 한다.

Recipe 10

쏸라탕 (酸辣汤 suānlàtāng)

돼지고기, 두부, 죽순 등을 걸쭉하게 끓인 새콤하고 매콤한 쏸라탕은 우리 몸의 위장을 튼튼하게 하고 간과 신장 기능을 강화시킨다고 한다. 우리의 맑고 심심한 국을 생각하며 먹었을 때 쏸라탕의 시큼한 국물 맛은 너무나 이질적이다. 그렇지만 한번 맛들이면 중독성 있는 맛에서 헤어나오기 어렵다.

준비물

육수(혹은 생수), 두부, 돼지고기, 표고버섯, 죽순, 달걀, 전분물(물과 전분을 적당 비율로 개어 놓은 것), 중국 간장, 중국 식초, 고추기름, 후추 가루, 소금, 대파, 생강, 고추, 고수

쏸라탕(酸辣汤)

조리순서

① 물에 불려 둔 표고버섯과 죽순을 네모모양으로 썰고 돼지고기와 두부는 가늘게 채 썬다.
   ⊕ 썰어놓은 돼지고기는 약간의 간장과 소금으로 밑간을 해두면 더 좋다.
② 생강은 다져놓고 대파와 고추, 고수는 잘게 채썰기 해둔다.
③ 사골 국물이나 닭 육수를 냄비에 붓는다. 없으면 생수로 대체 가능하다.
④ 육수(혹은 생수)가 끓으면 돼지고기 채 썬 것을 넣고, 고기가 익으면 두부를 넣는다.
⑤ 간장과 소금을 넣고 간을 맞춘다.
⑥ 식초를 조금 넣는다.
⑦ 전분물을 조금 넣고 수저로 잘 저어준다. 농도가 부족해 보이면 전분물을 조금 추가한다.
⑧ 달걀물을 넣고 젓가락으로 저어서 모양을 만들어낸다.
⑨ 화력을 높여 센 불에 국물이 끓게 하다가 고추기름, 고추, 후추 및 고수와 파를 얹으면 완성된다.
   ⊕ 입맛에 따라 고추기름, 고추, 고수 등을 빼고 요리해도 된다. 이렇게 하면 매운 맛이나 고수 향이 강하지 않은 담백한 맛을 즐길 수 있다.

마이상수 (蚂蚁上树 mǎyǐ shàngshù)

쓰촨식 당면볶음이다. 마이상수라는 요리 명칭은 당면에
붙어 있는 다진 돼지고기 알갱이 모양이 마치 나뭇가지에
기어오르는 개미 같다고 해서 붙여졌다. 당면과 돼지고기
다진 것을 주재료로 하고, 여기에 생강, 마늘, 파, 더우반
장, 간장 등을 양념으로 하여 간단히 만들 수 있다. 살짝
매콤하면서도 담백하고 매끄러운 식감이 일품이며, 한국
인의 입맛에도 잘 맞는 서민적인 중국음식이다.

 준비물

(고구마) 당면 1~2줌,
다진 돼지고기 적당량,
다진 생강·마늘·쪽파 약간,
더우반장(豆瓣酱), 맛간장(生抽),
진간장(老抽), 식용유,
육수(또는 물) 1공기

마이상수(蚂蚁上树)

 조리순서

① 위 재료들을 준비하고 당면은 미리 온수에 20분 정도 불려 건져낸다.
② 프라이팬에 기름을 두르고 가열한 후 다진 생강과 마늘을 적당량 넣고 향이 날 만큼 볶아
준다.
③ 다진 고기와 더우반장을 적당량 넣고 고기가 어느 정도 익을 정도로 볶다가 맛간장과 진
간장을 1:1 비율로 조금씩 넣어 빛깔을 내주면서 고루 볶는다.
④ 당면과 육수(또는 물) 한 컵을 넣고 중불에서 5~10분 정도 끓인 후 마지막에 센 불로 졸
여준다.
⑤ 소금과 다진 쪽파, 닭고기 다시다를 적당히 넣고 조미하여 마무리한다.

마라샹궈 (麻辣香锅 málà xiāngguō)

마라샹궈는 충칭사람들의 집밥에서 비롯되어 전 중국인의 사랑을 받았고 지금은 우리 한국인의 사랑도 듬뿍 받고 있다. 다양한 식재료를 한 냄비에 넣고는 마라 소스로 얼얼한 매운맛을 낸 음식이라고 생각하면 된다. 마라소스를 넣은 '쏘야볶음' 또는 물 없는 훠궈라고 생각하면 좀 더 쉽게 이해할 수 있을 것 같다.

준비물

마라샹궈 소스 또는 훠궈 소스
푸주(腐竹, 건두부면), 건두부, 당면,
소세지, 햄, 어묵 등,
버섯, 알배기배추, 청경채, 죽순, 고구마, 감자, 연근 등 각종 채소,
삼겹살, 소고기, 닭고기, 양고기 등의 육류,
새우, 오징어, 조개 등 어패류,
화자오, 사천 고추(또는 베트남 고추),
쯔란, 마라 땅콩, 고수 등의 양념

마라샹궈(麻辣香锅)

조리순서

① 말린 두부류와 당면을 충분히 물에 불린다. 당면과 두부류는 불어 오르는 속도가 다르기 때문에 따로 불린다.
② 각종 재료들을 개인의 기호에 따라 선택하여 손질한다.
③ 깊이가 있는 냄비나 웍에 기름을 두르고 다진 마늘과 마라소스를 넣고 약한 불에서 살살 볶는다. 마라소스는 2인 기준 100g(한 포) 정도면 되는데 양이 많은 경우 200g을 넣는다. 기호에 따라서 화자오나 쓰촨고추를 넣고 함께 볶아도 된다.
　⊕ 마라소스는 개인적으로 만들기는 어렵기 때문에 중국음식 전문점에서 마라샹궈 소스 또는 훠궈 소스를 사서 사용한다. 하이디라오(海底捞), 왕자두(王家渡) 등에서 생산한 소스를 국내에서도 판매한다.
④ 고구마, 감자, 배추 등 오래 익혀야 하는 것부터 먼저 넣고 센 불로 볶는다.
⑤ 각종 고기와 푸주, 건두부, 당면을 넣고 3분 정도 볶는다.
⑥ 각종 채소를 넣고 2분 정도 더 볶는다.
⑦ 간이 안 맞으면 간장이나 소금을 넣고 30초 정도 볶는다.
⑧ 완성되면 접시에 담으면서 마라 땅콩과 쯔란을 뿌리고 고수를 얹는다.

후이궈러우 (回锅肉 huíguōròu)

촨차이를 대표하는 요리로 중국판 밥도둑이라 불린다. 후이궈러우를 우리말로 직역하자면 '냄비로 다시 돌아간 돼지고기'라는 뜻으로, 두 번 요리하기 때문에 붙여진 이름이다. 우리말로 옮기자면 '삼겹살 두루치기'라고도 하고 '중국식 제육볶음'이라고도 할 수 있다. 우리나라에서는 삼겹살을 구워서 먹든지 아니면 수육을 만들어서 먹는다. 그리고 제육볶음이나 두루치기도 생고기를 직접 요리하지만 후이궈러우는 일단 삶은 고기를 가지고 요리한다는 차이점이 있다.

준비물

통삼겹 돼지고기,
파, 양파, 빨간 피망, 초록 피망(또는 풋고추), 배추 등의 채소 약간,
화자오(또는 통후추), 월계수 잎,
마늘, 커피, 된장 등,
고수(기호에 따라), 식용유 약간,
라오간마(老干妈) 또는 더우반장(豆瓣酱), 고추기름(기호에 따라),
굴소스(기호에 따라)

후이궈러우(回锅肉)

조리순서

① 한국의 수육을 만들 듯이 뜨거운 물에 돼지고기를 넣고 삶는다. 통으로 넣어도 되고 얇게 썰어서 넣어도 된다. 돼지고기 잡냄새를 잡기 위해서 월계수 잎과 화자오, 후추를 약간 넣는다. 한국에서 수육을 만들 때처럼 마늘, 커피, 된장 등을 첨가해도 무방하다.
　⊕ 돼지고기는 대패삼겹살이나 썬 삼겹살도 가능하다.
② 다 익으면 건져내어 수육 크기의 먹기 좋은 두께로 썬다. 썰어놓은 얇은 고기를 삶았으면 건져내어 바로 사용한다. 삶는 과정이 귀찮으면 대패삼겹살을 준비해서 바로 조리해도 무방하다. 우리나라 수육처럼 완전히 익히는 것이 아니라 중불로 10분 정도, 젓가락이 들어갈 정도로 80% 정도 익힌 후 건져내어 자연 냉각시킨다. 냉동실에서 3~5분 정도 냉각시키면 썰기 좋다.
③ 대파를 어슷썰기로 썰어서 담아둔다. 생강이나 마늘을 편(片)썰기로 준비한다.
④ 적당량의 각종 채소를 미리 썰어서 담아둔다. 색깔을 낼 수 있는 채소와 기타 채소를 같이 준비한다.
⑤ 더우반장(또는 라오간마)을 위주로 하여 기호에 따라 고추기름, 굴소스, 간장 등을 첨가한 혼합 양념장을 만든다.
⑥ 중국식 웍이 좋지만 없다면 약간 깊이가 있는 냄비에 식용유를 조금 두르고 가열한 후 썰어놓은 대파와 생강 마늘 등을 넣어 파기름을 만든다.
⑦ 썰어놓은 돼지고기를 넣고 돼지고기가 투명한 색을 띠고 가장자리가 약간 말려 올라갈 때까지 볶는다.
⑧ 돼지고기를 냄비 한쪽으로 밀어놓고, 빈 공간에 양념장을 넣은 후 양념장을 볶는다.
⑨ 양념장이 붉은 색을 띠면 채소를 넣고 고기와 잘 섞이도록 골고루 버무리듯 볶는다.
⑩ 다 볶아지면 접시에 담은 후 한국인의 기호에 따라 깨소금이나 고수를 첨가하기도 한다.

Recipe 14

위상체쯔 (鱼香茄子 yúxiāng qiézi)

위상체쯔는 쓰촨지역의 대표적인 요리로 살짝 매운 맛이 감도는 새콤달콤한 위샹 소스에 가지와 돼지고기를 센 불에 빠르게 볶아 낸 것이다. 위샹(鱼香)이라는 이름에서 보여지듯이 이 소스는 생선 요리와 관련이 있다. 오랜 옛날 어떤 쓰촨 사람이 민물생선에 더우반장, 파, 마늘, 생강, 간장, 식초 등을 넣어 볶음 요리를 하자 그 맛이 매우 좋았다고 한다. 그 후 요리하고 남은 소스에 생선이 아닌 다른 재료를 넣어 보니 맛이 여전히 좋았고 이에 '물고기 향'이 밴 소스라는 의미의 위샹이라는 명칭이 만들어졌다고 전해진다.

준비물

다진 돼지고기 1컵(종이컵),
가지 2개, 더우반장 소스 3큰술,
파, 마늘, 소금, 후추,
식용유, 맛술 1큰술, 식초 1큰술,
간장 1큰술, 설탕 1큰술, 생강즙,
참기름

위샹체쯔(鱼香茄子)

조리순서

① 가지 2개를 손가락 길이로 썰어서 팔팔 끓는 소금물에 살짝 데쳐낸다.
② 돼지고기에는 맛술, 생강즙, 소금, 후추로 밑간을 한다.
③ 대형 중식 팬에 식용유를 충분히 넣고 뜨거워지면 파와 마늘을 넣어서 향을 낸다.
④ 밑간을 한 돼지고기를 넣고 80퍼센트 정도 볶아지면 미리 소금물에 데쳐서 준비해 놓은 가지를 넣고 다시 볶는다.
⑤ 더우반장 소스를 넣고 간이 배어들도록 볶는다.
⑥ 마지막으로 간장, 식초, 설탕을 넣으며 맛을 조절한다.
⑦ 완성된 요리를 접시에 담으면서 참기름을 더하고 곱게 다진 파로 장식한다.

마포더우푸 (麻婆豆腐 mápó dòufu)

쓰촨요리의 하나로 청나라 초기 쓰촨의 청두 북부 지역에서 '진씨 곰보할머니(陈麻婆, Chén Mápó)'라고 불리는 여인이 운영한 음식점의 두부요리에서 유래했다. 마포더우푸의 특징은 맵고 얼얼한 향과 두부의 부드러우면서도 감칠맛이 특징이다. 쓰촨지방의 마포더우푸는 고추기름과 화자오(花椒) 및 더우츠장(豆豉酱 dòuchǐjiàng, 청국)이라고 하는 콩을 발효시킨 조미료를 사용하는 것이 특징이다.

 준비물

부드러운 두부 1모,
돼지고기(또는 소고기),
더우츠장, 더우반장 적당량,
닭고기 육수(또는 물),
고추기름(혹은 고춧가루),
화자오(혹은 후추), 대파, 마늘, 생강,
녹말가루, 참기름 약간

 조리순서

① 두부를 깨끗이 씻은 후 정사각형으로 깍둑썰기 한다. 이때 두부가 으깨어지지 않도록 주의한다.
② 고기는 잘 다지고, 대파는 송송썰기 한다. 마늘과 생강은 곱게 다진다.
③ 더우츠장도 칼로 잘게 썰어 둔다. 더우츠장이 없으면 고추장으로 대신한다.
④ 팬을 가열한 후 기름을 두르고, 더우츠와 고춧가루를 넣어 고추기름을 만든다. 고추기름이 있으면 이 과정을 생략한다.
⑤ 고추기름에 다진 고기와 대파, 마늘, 생강을 먼저 넣고 볶아서 향을 낸다.
⑥ 여기에 두부와 더우반장(혹은 간장), 닭고기 육수나 물을 넣고 끓인다.
⑦ 전분을 넣어 농도를 맞추고, 그 위에 잘게 썬 파와 화자오(혹은 참기름)를 뿌려 완성한다.

마포더우푸(麻婆豆腐)

ㄹ

ㅁ

ㅇ

ㅊ